文创类综合专业
实训教程

主　编◎吴欢超　　副主编◎陈明亮

浙江大学出版社
·杭州·

图书在版编目(CIP)数据

文创类综合专业实训教程 / 吴欢超主编；陈明亮副主编. -- 杭州：浙江大学出版社，2024.6. -- ISBN 978-7-308-25207-2

Ⅰ. G114

中国国家版本馆 CIP 数据核字第 2024A5W310 号

文创类综合专业实训教程

主　编　吴欢超
副主编　陈明亮

责任编辑	王　晴
责任校对	朱梦琳
封面设计	雷建军
出版发行	浙江大学出版社
	(杭州市天目山路148号　邮政编码310007)
	(网址：http://www.zjupress.com)
排　　版	浙江大千时代文化传媒有限公司
印　　刷	浙江临安曙光印务有限公司
开　　本	710mm×1000mm　1/16
印　　张	13.25
字　　数	210千
版 印 次	2024年6月第1版　2024年6月第1次印刷
书　　号	ISBN 978-7-308-25207-2
定　　价	58.00元

版权所有　侵权必究　印装差错　负责调换

浙江大学出版社市场运营中心联系方式：(0571)88925591；http://zjdxcbs.tmall.com

编委名单

主　编　吴欢超
副主编　陈明亮
参　编　胡　波　林可凡　沈奕岚

序

　　文创产品具有特殊的审美价值、社会意义与经济价值，旨在将文化元素与创意设计相结合，满足人们对美的追求和日常生活需要。文创产品涵盖广泛，包括艺术品、手工艺品、设计产品、文化衍生品、文化旅游商品等。这些产品可以是实用的日常用品，也可以是艺术品或纪念品。文创产品不仅应具有艺术和文化特质，还应考虑其商业性与市场适应性。文创产品具有一定的文化内涵，作为传统文化、地方文化与历史文化的载体，通过艺术、符号、象征等方式，表达各民族的文化价值和意义。文创产品注重设计和艺术性，强调形式美和视觉体验，通过独特的外观、材质与工艺等，展示出具有不同风格、品质的艺术感。

　　从人类学的角度来看，文创产品具有多重社会意义。通过文创产品可以展示不同民族的文化，呈现特定人群的审美观与价值观。融合地域文化因素的文创产品，可增进人们对文化身份的认同感。文创产品亦可作为交往媒介。人们通过欣赏、购买或使用文创产品，扩大社交圈并加强社会联系。从文化学的角度来看，文创产品不仅满足了人们对美的追求，还推动了社会与文化进步。从经济学的角度来看，文创产品为传统工艺提供了新市场，为文化遗产传承和可持续发展提供了有效途径。总而言之，文创产品在文化表达、身份认同、社会互动、文化创新及文化遗产继承等方面，具有特殊的社会与文化意义。文创产品在文化创意产业中也发挥着关键作用，通过与艺术、设计和商业活动的结合，满足文化消费者的需求，并在文化经济中发挥作用。文创产品不仅是创造和传播文化的媒介，还是推动文化创意产业发展的动力，对城市、社区和个体发展产生积极影响，在当代社会中形成重要的社会意义。文创产业推动了相关产业链的发展，为整个社会经济注入了活力。文创产品也能够塑造一个国家或地区的形象，提高其国际影响力，作为跨文化交流的桥梁，促进不同国家和地区之间的文化交流。

随着时代发展与科技进步，文创产品已成为现代社会的日用时尚。文创产品的实训内容，不仅应涵盖艺术、设计、传播与媒介等理论知识，还应重视学生实践与综合能力的培养。本教材编写者具有丰富的个案经验和深厚的专业理论知识。教材内容丰富多样，涵盖多个方面的实践技巧和方法。

编写者深入了解文创行业的发展动态，精心设计系列实训内容，覆盖从创意构思到实际执行，并重视培养学员的协作能力与创新思维。本教材重视培养学生的文化创意综合能力，提供了丰富多样的实践经验和案例，便于帮助学生获得多样方法论与实践经验。上篇实训简介与流程，概述文创类综合专业实训的定义、功能与分类，并围绕文创类综合专业实训初期、中期及后期流程的教学，设置了细致的分期实训内容与目标。同时，本教材重视文创行业发展与行业调查，将文创产品设计与产品市场相联通。中篇实训创意与设计，涵盖文化宣传岗位实训、商业推广岗位实训、艺术设计岗位实训，并补充文创类专业人员综合专业能力训练等。下篇案例分析与应用，汇集了丰富的实践个案，将理论知识与实践操作相结合，将实训内容落实到具体细节的设计与实践中。

一本优秀教材是培养未来创意设计专业人员的关键。本教材以真实案例和实际操作指导为基础，确保学生能够将所学知识应用于实际工作中。本教材对于未来的文创设计师来说，是一个结合个案和理论的实用教程，不仅提供了文创产业的丰富视角，还展示了将理论知识转化为实际操作的技能。本教材不仅是文创产品相关理论的总结，还是设计的实践指南，为学生和设计师提供了将创意落地的多种具体方法。本教材探讨了文化宣传、商业推广、艺术设计综合专业实训的各个方面，其中实训项目案例不仅是编者的理论实践成果汇集，还是编者创新思维的试验总结。每一章都如同一扇窗，为读者打开文创产品设计的精彩世界。

本教材体现了对当前文创产品设计趋势和时尚潮流的准确把握，不仅适用于学生、设计师和教育者，还为企业家提供了丰富的实践总结。期待本教材能增强文创工作的实际运用，并激发社会各界对文创行业发展的支持。

罗易扉

2024 年 1 月 12 日于上海

前　言

文化创意产业作为经济全球化背景下产生的新兴业态,日益成为世界各国的战略产业和支柱产业之一。2009年7月,国务院颁布《文化产业振兴规划》,明确将文化产业上升为国家战略性产业。

近年来,伴随我国社会主义现代化建设进程的加快,文创产业已逐渐融合贯穿我国经济社会的各个领域和各个行业,呈现出快速发展的态势。特别是党的十八大进一步明确将文化产业列为国民经济的支柱性产业,并从全面建成小康社会、实现中华民族伟大复兴的战略高度,相继出台了一系列政策举措。

2014年2月,国务院出台《关于推进文化创意和设计服务与相关产业融合发展的若干意见》,将推动文化创意和设计服务与相关产业的融合发展正式列为国家战略;2016年11月,国务院印发《"十三五"国家战略性新兴产业发展规划》,将与文化产业结合紧密的数字创意产业首次纳入国家战略性新兴产业发展规划;2018年12月,国务院办公厅印发《进一步支持文化企业发展的规定》,明确提出要创新文化产业体制,鼓励有条件的文化企业发展壮大;2019年6月,《文化产业促进法》完成草案征求意见稿并向社会公布;2021年5月,文化和旅游部发布了《"十四五"文化产业发展规划》,进一步强调要以文化创意、科技创新和产业融合催生新的发展动能,推动文化产业高质量发展。在一系列政策规划的扶持推动下,我国文化创意产业呈现出蓬勃发展的新局面。

文化创意产业的高速发展对各类高水平的文创人才提出了迫切需求。作为培育文化创意领域人才的主要引擎,高校应当自觉将培育各类文创人才作为自身的重要任务与使命,为迎接并引领文化创意领域的未来发展和挑战提供全面、深入的教育和研究服务。但国内外目前尚无比较全面和适用的文创类综合实训教材。为此,我们依据《浙江省人民政府办公厅关于深化产教融合的实施意见》等相关文件精神,在结合多年教育教学实践的基础上启动了教材研发工作。

《文创类综合专业实训教程》作为多专业协作类综合实训课程的核心组成部分,旨在为学生提供更广阔的视野,通过案例分析和解读,深入探索各类文创项目的成功经验,并致力于培养学生的沟通和合作能力,提升学生的创新思维能力;在教学实践中有效提升学生的职业核心素养和职业特定能力,为其顺利实现从校园向社会过渡、迎接职场挑战打下坚实的基础。

本教材分为实训简介与流程、实训创意与设计、案例分析与应用三大部分,全面呈现文创类综合专业实训的全貌和流程,深入介绍实训项目的精髓,以及解析综合案例,为学生提供多样化的学习素材,引导他们在校内外导师的指导下展开实践探索,最终完成一项真实的文创类项目。

本教材建立在浙江省教育厅2016年教改课题"基于产教融合的文创类专业综合实训协同模式创新与实践"的深度研究成果之上。它不仅是一份新形态教材,还是一本可独立使用的参考书。本教材的设计旨在鼓励创新思维和创意设计,培养和激发学生的创造力,有助于学生在竞争激烈的文创领域中脱颖而出。

由于教学需要,本教材只能在有限的时间内完成,我们深知其中多有不足之处,期待各位专家和读者的悉心指正,并衷心感谢大家的宝贵意见。

浙江财经大学东方学院文化传播与设计学院

教改课题组

目 录

教学导引 …………………………………………………………（1）

上篇　实训简介与流程

第一章　文创类综合专业实训概述 ………………………………（7）
第一节　综合专业实训及其功能 ……………………………（7）
第二节　文创类综合专业实训分类 …………………………（11）

第二章　文创类综合专业实训流程 ………………………………（17）
第一节　实训前期教学环节与实施 …………………………（18）
第二节　实训中期教学环节与实施 …………………………（22）
第三节　实训后期教学环节与实施 …………………………（28）

第三章　文创产业发展与市场调研 ………………………………（44）
第一节　文创产业发展 ………………………………………（44）
第二节　实训市场调研 ………………………………………（46）

中篇　实训创意与设计

第四章　文化宣传类岗位实训 ……………………………………（57）
第一节　文化宣传概述 ………………………………………（57）
第二节　文化宣传类工作职能 ………………………………（58）
第三节　文化宣传类岗位设置 ………………………………（61）
第四节　注意事项和关键环节 ………………………………（65）

第五章　商业推广类岗位实训 ……………………………………（68）
第一节　商业推广概述 ………………………………………（68）

第二节　商业推广类工作职能 …………………………………………（71）
　　第三节　商业推广类岗位设置 …………………………………………（74）
　　第四节　注意事项和关键环节 …………………………………………（76）

第六章　艺术设计类岗位实训
　　第一节　艺术设计概述 …………………………………………………（79）
　　第二节　艺术设计类工作职能 …………………………………………（80）
　　第三节　艺术设计类岗位设置 …………………………………………（86）
　　第四节　注意事项和关键环节 …………………………………………（92）

下篇　案例分析与应用

第七章　实训项目案例分析 ……………………………………………（97）
　　第一节　文化宣传类项目实训 …………………………………………（97）
　　第二节　商业推广类项目实训 …………………………………………（109）
　　第三节　艺术设计类项目实训 …………………………………………（116）

第八章　实训作业成果说明 ……………………………………………（140）
　　第一节　"海宁非物质文化遗产保护之长安宴球"实训项目 …………（140）
　　第二节　"一花一周"品牌推广实训项目 ………………………………（145）
　　第三节　"旧衣回收、改造与捐赠"实训项目 …………………………（152）

第九章　实训作业导师点评 ……………………………………………（161）
　　第一节　UMITEX 化妆品恒温箱项目 …………………………………（161）
　　第二节　"写石派"石墨造型铅笔项目 …………………………………（162）
　　第三节　"海宁市纪检委公益广告片创作拍摄"项目 …………………（163）
　　第四节　"海宁非物质文化遗产保护之长安宴球"实训项目 …………（164）
　　第五节　青田县环保局视频项目 ………………………………………（165）
　　第六节　贵州长滩村民宿改造项目 ……………………………………（166）

附录1：历届学生实训课程优秀作品集 ………………………………（168）

附录2："十四五"文化产业发展规划 …………………………………（170）

参考文献 …………………………………………………………………（195）

后　　记 …………………………………………………………………（199）

教学导引

一、教材内容

本教材的结构设计充分贯彻教学的全面性和实践性。

上篇实训简介与流程详细阐述了整个实训的规划与步骤,为学生提供全面导引,使学生能够清晰地理解整个实训的流程和规划。

中篇实训创意与设计充分运用相关案例,分章对文创类综合专业实训相对应的岗位进行工作职能和岗位设置的介绍,引导学生关注注意事项和关键环节。

下篇案例分析与应用重点围绕文化宣传、商业推广、艺术设计三大跨专业协同实训项目展开。这部分以综合性案例的形式,深入阐述不同领域间的协同合作,结合实训导师点评,旨在培养学生对跨领域合作的理解和应用能力,以适应未来工作中的复杂挑战。

附录部分展示了历届学生实训课程优秀作品集封面和"十四五"文化产业发展规划相关文件。

总体来看,本教材的设计结构紧凑而全面,通过结合案例与理论,以及对实际问题的引导与解决,为学生提供了全方位的学习体验,不仅拓展了学生的知识面,还培养了学生解决问题和跨领域合作的能力。

二、教学目标

本教材以项目设计与实训的形式,精心打造教学目标的实现路径。通过设置真实或仿真项目,模拟真实工作场景和任务,力求让学生深入了解文创领域的工作流程和岗位需求。学生完成学习后将具备胜任文化宣传、文案策划、行政管理、摄影摄像、后期制作、海报设计、室内设计、包装设计等岗位工作的能力。

三、教学内容

教学内容涵盖三个学科领域，旨在实现项目主题的专业深度与跨学科拓展。通过项目化的设计，巧妙整合不同专业领域，并将其细化成具体、可分工的实训内容，如文案策划、视频拍摄与制作、稿件撰写、会议记录、海报设计与制作、效果图设计与建模等。

学生根据课程教学内容和各自的专业特长，以团队合作的方式，合理分工完成真实或仿真项目。项目由多个专业老师组成的导师团队负责指导。其中，一位导师担任总负责人，直接管理各实训团队；其他导师则根据自身的教学方向，为各团队提供相关指导与支持。导师团队的协同指导模式有助于为学生提供全方位的专业辅导，推动跨专业合作和知识交流。具体要求如下：

(1)要求各专业学生必须以团队形式参与综合专业实训。

(2)要求综合专业实训团队必须由不同专业背景的学生组成，团队成员人数应为5~6人。

(3)要求学生团队选举一位组长，总体负责本团队的管理、任务分配、与导师联系等工作，其余团队成员根据分工按进度完成自身工作，与组长密切联系，随时汇报工作进展。

(4)要求导师具备多项素质，强化实践教学，采用问题引导、项目化方式教学，跟班指导，参与全程管理。

(5)要求有详细的实训计划，包括实训内容、步骤、学生角色任务要求和进度安排。

(6)各综合专业实训团队必须服从统一管理，认真接受导师的指导。

四、学期分配与课时设定

本课程原则上安排在四年级进行，作为中文、广告、艺术设计等文化创意产业相关专业的实践课程，一般在第七学期第1~5周展开(见表0-1)。

表 0-1　学期分配与课时设定

时间	事项	负责方
第七学期第 1 周	1.动员、任务下达与部署、培训；2.下达实训项目设计书	领导小组 学生个人
第七学期第 2 周	3.组建团队；4.选择导师组；5.填写并上交实训项目申报书	学生个人 学生团队 导师组
第七学期第 3~4 周	6.开展实训；7.上交成果材料	学生团队 导师组
第七学期第 5 周	8.实训成绩考核	导师组 领导小组

上篇 实训简介与流程

第一章　文创类综合专业实训概述

产教融合在培养人才方面的重要性毋庸赘言。这种结合教育和实际产业需求的教学方式,为学生提供了一个更为全面、贴近实际的学习环境。通过产教融合,学生能够直接接触并解决现实中的问题,不仅在课堂上获得理论知识,还能在实践中学习并应用这些知识。这种全面的教学方法使得学生不仅仅是理论的学习者,更是实践的探索者。

文创类综合专业实训以产教融合为核心理念,重点在于跨专业协同实训,专注于创造和提升产品与服务。这种教学方式的独特之处在于其全面性。学生在项目实践中从多个角度接触并解决文化创意产业中的现实问题,不仅扩大了知识面,还培养了创新能力,提高了解决问题的水平。

在教育政策的引导下,产教融合成为文创类综合专业实训的重要架构。这种教学模式为学生提供了更为贴近实际的学习机会,塑造了能够适应未来职场需求的专业技能。这样的教学实践不仅有助于学生获得必要的技能,而且培养了他们的团队协作和创新能力,为未来的就业和行业发展奠定了坚实基础。

第一节　综合专业实训及其功能

一、综合专业实训的定义

实训是职业技能实际训练的简称,是指在学校控制状态下,按照人才培养规律与目标,对学生进行职业技术应用能力训练的教学过程。具体包括以下内容。

1. 从时空上分

从时空上分,有校内实训和校外实训,包括教学见习、教学实训和生产实训。

2.从形式上分

从形式上分,有技能鉴定达标实训和岗位素质达标实训,包括通用技能实训和专项技能实训。

3.从内容上分

从内容上分,有动手操作技能实训和心智技能实训,包括综合素质要求(创业和就业能力统称跨岗位能力)实训。

实训课程定义

综合专业实训一般作为毕业生必修的教学环节,以校内教学环境为依托,以学生团队协作完成为主要形式,通过学生自主合作、调动多个专业的知识与技能,完成一个真实的或者仿真的项目。

此实训模式包括以下特点。

1.连续安排与集中性

安排在第七学期的前五周,以确保学生集中精力完成任务并形成整体认知。

2.与现实环境结合

结合真实的企业传播环境,让学生接触实际的工作场景,增进对实际操作的了解。

3.多项综合训练

强调学生需完成多项操作程序,这有助于他们掌握不同技能,准备应对多元化的就业需求。

4.项目课题任务

学生通过完成项目课题任务,加深对实际项目的认识并落实所学知识。

二、综合专业实训的功能

近年来,高校在课程设置和教学目标方面进行改革,取得了一定成效。然而,应用型院校在实践环节中,在毕业设计、毕业实习及专业技能课程方面存在"纸上谈兵"的问题。

造成这一情况的主要原因是,实践教学和科研实践的针对性不够,缺乏承载实践基础和平台性质的课程。毕业实习教学由于学生面临就业压力等客观因素,导致难以投入大量精力进行深入学习,更无法在毕业实习后,回到课堂进行知识整理和补充学习。因此,除最后的毕业实习外,需要设置可承接的课程或综合技能型实践课程。通过实际项目和创作任务的教学与科研工作,将知识点体现在教学环节,解决教学盲点。这便是综合专业实训课程的开设背景。

毕业综合实训是实现应用型教育目标的关键教学环节。在培养学生职业技能和能力、强化职业素质方面,具有不可替代的作用。通过综合专业实训,学生将理论与实践相结合,巩固专业理论知识,确定个人研究和发展方向,提升专业技能和综合素质,为步入社会做好准备。

1. 要求学生达到的能力

(1)教学知识实际运用的能力。

(2)合作意识、合作能力和组织管理能力。

(3)服务意识与敬业意识、成本意识与效益意识、问题意识与方法意识。

(4)自我管理意识和自我管理能力。

(5)信息采集意识和信息处理与信息转化能力。

(6)问题意识和发现、分析与解决问题的能力。

(7)竞争意识、创新意识和创新创业精神。

(8)特定职位所需求的职位意识和业务能力。

2. 对学生的重要性

作为人文学科实训教学模式的一门创新课程,本课程紧密围绕课程体系及社会分工需要,以文化传播项目为实训课程的内容,解决了人文类专业跨专业融合的难题。

本课程有利于文创类学科选择合理的综合专业实训定位、人才培养目标定位,合理构建人才培养模式与特色课程体系,通过差异化发展,拓宽自身发展空间,实现特色办学,在高等教育竞争中科学发展,为经济社会发展作出新的、更大的贡献。

该模式及配套机制将学生在课堂中的被动学习变为课堂后的主动探索。通过让学生动起来,使学生变成学习过程中的主角,变"要我学"为"我要学",凸显了学生的主体地位,为学生提供了自主发展的空间,培养了学生的主体性,从而使该模式符合高等教育的教学规律和学生的学习规律。

最重要的是,该模式在一定程度上解决了文创类专业实践活动与理论课程脱节的窘境,有利于学生理论知识的吸收以及理论和实践结合能力的提升。

3. 主旨

总体而言,综合专业实训课程的主旨主要体现在以下方面。

(1)努力体现真实的职业环境。学校在安排、布置实训场所时,应避免采用实验室的框架,学生使用的装备、工具应尽可能贴近职业真实情况。由于经济、职业形态具有多样性,安排上一般可采取小批量、多元组合的方式。

(2)强调实训项目的功能应用性和工艺规范性。学校在设计实训项目时应明显区别于实验。

(3)加强技能操作训练。学生的实训课程不能仅限于对某项技能的了解、知晓,而应该对主要技能达到独立操作和熟练的水平。

(4)招募真实项目,提高实训项目的适用性和经济性。

4. 功能

综合专业实训课程的功能包括以下几个方面。

(1)以实际企业岗位的工作内容构建实训课程。课程主要针对毕业生的就业岗位知识和技能需求,设计开发开放式综合实训课程。基于实际工作岗位细分的思路进行课程开发设计,以实际企业岗位的工作内容构建课程,模拟真实场景中的工作环境和工作任务。如环境设计方向对应具体的需求岗位包括方案设计、施工管理、后期表现、概预算等。

(2)突出职业能力的培养,促进职业素养的养成。着重培养学生自身的专业技能和实践能力,拓展知识面,如设计方案初步设计与决策能力、客户的沟通能力、设计图纸绘制能力等。除常规的专业能力外,学生也能获得一定的社会能力,提高团队合作和沟通表达能力,为学生的可持续发展奠定基础。

(3)协助学生建立明确的就业岗位目标,有效缩短适应期。通过开放式综合实训课程实践,学生在参与真实的工作过程中了解了各岗位的基本职责和发展前景。课程近可为毕业实习、毕业设计提供直接的感知,远可为学生衔接校内教学与职场生活、应对就业竞争和更快适应工作角色、胜任工作岗位打下良好基础。

三、综合专业实训思政目标

文创类综合专业实训旨在以大思政教育为导向,通过模拟真实工作场景与任务,培养学生的职业责任感,提高道德素养、社会责任感,以及创新精神和实践能力,为校内教学与职场生活的衔接打下坚实基础。

这一实训着重于引导学生深化自我认知、社会认知,不仅培养学生的职业核心能力和专业技能,还着眼于培养学生的道德品质、社会责任感、创新精神,以及促使学生在真实场景中践行这些价值观。

具体目标包括以下几个方面。

1. 道德与社会责任

通过实践,培养学生对社会、文化以及职业道德的理解与实践,提升其职业道德品质。

2. 创新精神

通过项目实践,鼓励学生独立思考、创造性地解决问题、挑战传统,培养学生的创新创业精神。

3. 社会价值观

指导学生认识社会需求与感受人文关怀,并引导其通过文化创意行业回馈社会,培养社会责任感。

4. 实践能力

强调学生在实践中的贡献和表现,让其在具体实践中锻炼、验证自身的职业核心能力。

5. 团队与领导力

培养学生在协作环境中的协调能力、团队精神,同时激发其领导能力。

这些目标旨在让学生在实践中更具社会责任感和创新精神,引领他们走向成功的职业发展道路。

第二节 文创类综合专业实训分类

文创类综合专业实训在促进文化创意产业专业的发展上扮演了关键角

色,助力其形成一个完善的文创产业链。实训强调产教融合,校企、校地合作以及跨专业协同的理念,以校内外丰富的教学环境为支撑,培育由不同专业的5~6人组成的团队,共同协作完成一个真实的文创类项目。

这些项目涵盖三大类别:文化宣传类、商业推广类和艺术设计类。通过这些项目,学生不仅能够在实际操作中掌握行业技能,还能深入了解各专业之间的交叉合作,以及在解决实际问题和创意应用中的挑战。这种跨专业的实训形式在激发学生创新思维和协作能力方面发挥着至关重要的作用,为他们未来在文创领域的职业发展打下了坚实的基础。

文创类实训项目分类

可以说,文创类综合专业实训与宣传片和微视频制作、文化活动策划和推广、企业形象设计和品牌推广、产品和服务营销传播、包装和周边产品开发及设计、各类室内空间设计、美丽乡村和社区景观设计、服装和服饰设计等一系列具体领域紧密结合。这些领域的涉及不仅丰富了实训的内容,而且深化了学生对文化创意产业的全面理解。

一、文化宣传类项目

1. 案例:文化传统的数字化宣传

背景:某地区拥有丰富的文化传统,但传统的传播方式逐渐失效。政府或非营利组织想要利用数字化手段来宣传这些传统文化,吸引年轻一代,并保护该地区的文化遗产。

任务:学生分成若干小组,每个小组代表一个数字化宣传团队。学生需要讨论并提出一个综合的数字宣传方案,包括使用社交媒体、虚拟现实、在线教育等工具来传播这些文化价值。方案需要考虑目标受众、内容创作、传播途径、可持续性等方面。

这种案例能够鼓励学生分析传统文化在数字时代的挑战与机遇,鼓励学生探索新型宣传方法与媒介,提出可操作的解决方案。

2. 案例:文化活动策划

背景:大学或社区图书馆想要举办一个文化活动,吸引更多年轻人参与并促进文化交流。

任务:学生以小组形式扮演策划团队角色,需要设计并提出一个文化活动的方案。这个方案主要包括活动内容、参与者互动、宣传推广等方面的细节,同时也要考虑活动的预算和可行性。

这种策划能够锻炼学生的团队合作、策划和执行能力,同时让学生思考如何利用文化活动来促进社区参与和文化交流(见图1-1)。

"FUN工作室"形象片拍摄制作　　《东方鱼乐》微信平台设计　　《十七年蝉》校园宣传片拍摄制作

《新西厢记》戏剧改编与编导　　《中国美术导报》采写与编辑　　海宁非物质文化遗产保护之长安宴球

杭州高沙社区邻居节活动宣传　　西班牙留学生音乐专辑MV制作　　新生校园生活指南

图1-1　文化宣传类项目

二、商业推广类项目

1.案例:新产品市场推广

背景:一个公司开发了一款创新产品,想要在市场上推广并吸引消费者。

任务:学生分成若干小组,每个小组代表该公司的市场部门。学生需要讨论并提出一个全面的市场推广方案,包括目标受众、市场定位、广告策略、销售渠道选择、数字营销方案等。方案需要充分考虑预算、竞争对手和市场趋势。

这种案例可以促使学生思考市场推广的多个方面,需要学生在团队内讨论并综合各自的想法,最终提出一个综合而全面的推广策略。

2.案例:品牌推广计划

背景:一家公司想要重新定位和提升其品牌形象,以适应市场的变化并吸引更多目标客户。

任务:学生需要以小组的形式组成品牌策划团队,提出一个完整的品牌推广计划。学生需要考虑品牌的核心价值、目标客户群体、传播渠道、品牌宣传活动等方面,并提出实施计划和预期成果。

这种推广计划能够锻炼学生的品牌策划和营销能力,同时要求学生深入了解目标市场,明确品牌的特色和优势,并提出可操作的推广计划(见图1-2)。

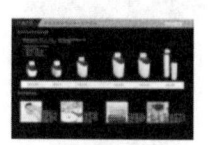

本草茶膳餐厅网络推广　　恩美特净水器产品的推广　　厚吴村建筑规划设计与旅游策划推广

曼廊泰国餐厅服务体验设计项目　　桑洛男装微信推广策划　　上海笛蛙文化传媒有限公司品牌策划

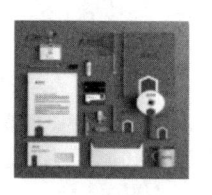

"一花一周"品牌推广　　中小学生课外培训机构策划方案设计及推广　　自行车租赁项目的方案设计及推广

图 1-2　商业推广类项目

三、艺术设计类项目

1.案例:视觉品牌设计

背景:一家新兴公司希望建立一个独特的视觉品牌形象,以区分自己与其他竞争对手,并吸引目标客户。

任务:学生以小组的形式组成品牌设计团队,要讨论并提出一个全面的视觉品牌设计方案,包括 logo 设计、品牌色彩、图形元素、字体选择等。学生需要考虑品牌的核心价值、目标受众、行业特点等,并提出设计概念和原型。

这种设计能够让学生团队合作,创造出一个具有独特魅力的品牌形象,并了解设计作品如何服务商业目标。

2.案例:艺术展览策划

背景:一家美术馆或画廊计划举办一场特别的艺术展览,需要一个全面的策划方案。

任务:学生需要策划这场艺术展览,包括选择艺术品、展示布局、宣传推广、开幕活动等。学生需要考虑展览的主题、目标观众、展示方式等,提出一个详细的策划方案。

这种策划可以锻炼学生的策展能力,同时要求学生思考如何通过艺术展览来传达特定的信息或情感(见图 1-3)。

"本铈"海宁皮革服饰设计与推广

"谷谷来了"婴童亲子服装设计和品牌推广

"匠自在"无线充电器产品研发设计

"原木生活"微型桌面用品设计

传统染色方法"扎染技艺"的传承与推广

海宁长安虹桥花园样板房方案设计及推广

丽水画家村规划设计与旅游策划推广

美丽校园互动型公共空间艺术设计

桐乡针织服装服饰设计与推广

图 1-3　艺术设计类项目

四、其他

实训根据成果内容,还分为以下类别。

1. 视频类

确定拍摄对象、脚本;拍摄和剪辑视频素材;设计宣传海报和册页。

2. 室内设计类

实地调研、数据整理;协商并签订合同;确定设计方案;建立模型;设计效果图,印刷;制作宣传海报和册页(或视频)。

3. 活动策划类

实地调研、问卷调查、数据获取;确定策划方案;设计宣传海报和册页(或视频)。

4. 项目推广类

实地调研、数据整理;与甲方协商、签订合同;确定设计方案;产品包装设计和效果图制作;宣传海报和册页(或视频)设计。

5. 商品设计与制作类

确定设计方案;手稿设计,投入制作;宣传海报和册页(或视频)设计;众筹页面设计。

6. 文化宣传类

了解宣传对象;跟踪拍摄获取素材;新闻稿与微信稿写作;设计宣传海报和册页(或视频)。

实训项目的精髓在于对接文创企业和学校双方的优势资源,提供完善的理论与实践相结合的服务。这种结合强调了理论指导实践的重要性,倡导项目从理念到实际落地的过程。通过这种方式,学生不仅能在安全的学习环境中进行实践,还能获得来自实际行业的指导和支持。这种方式为有志于创业的团队提供了宝贵的启蒙与成长机会。

第二章　文创类综合专业实训流程

文创类综合专业实训通常安排在教学的第七学期,遵循连续集中的安排原则。学院调用现有的实验室和工作室条件,结合真实的企业传播环境,进行多项操作程序的综合训练(见表2-1)。

表 2-1　"文创类综合专业实训"课程实施计划表

开课学院		授课对象	
学生人数		学时	
授课时间		任课教师	
课程负责人		联系电话	
课程简介			
授课计划			
考核方式			
学院意见			
备注			

注:此表一式三份,经审批后,学院、教育技术中心和教务处各执一份。

这种实训模式旨在确保学生对各就业岗位的最低要求,并着重于对实际生产、服务项目的整体认知。学生在这段连续的安排中完成项目课题任务,促使他们在实际操作中掌握必要的专业技能。

这一连续集中的实训安排,着重于为学生提供更接近实际职场的体验,并通过实际操作强化他们的专业技能。

第一节　实训前期教学环节与实施

实训前期是实训课程的前期筹备阶段,须紧密契合文创类课程体系及社会实际需求,帮助学生自行构思并设计文化性实训主题。内容涵盖中文、广告和艺术设计等专业。

实训前期

前期工作主要分为以下环节。

一、招募甲方项目

随着文创行业的迅速发展,社会对文创人才的需求也显著增加。学校作为重要的培养基地备受社会关注。综合专业实训选择项目时,必须确保所选项目符合市场需求,这样才能真正将学生塑造为符合文创行业标准的专业人才。近年来,实训项目通常从企业或相关甲方处招募,任务分解后交由学生团队完成(见图2-1)。

图2-1　实训项目招募单

二、导师团队构建

根据来自企业或甲方的文创项目类型,学校将组建由相关专业组成的2~3人的导师团队来负责对接这些项目。导师团队的成员及所涉专业应与项目选题相关(见图2-2)。导师团队要确定一位组长,与企业导师联络并共同拟定项目设计书(见表2-2)。针对学生的实际情况,导师团队要细化和落实项目,根据实际工作的分工和职责,在设计书中规定学生团队的规模、成员和工种,并合理分工以确保团队规模适中。

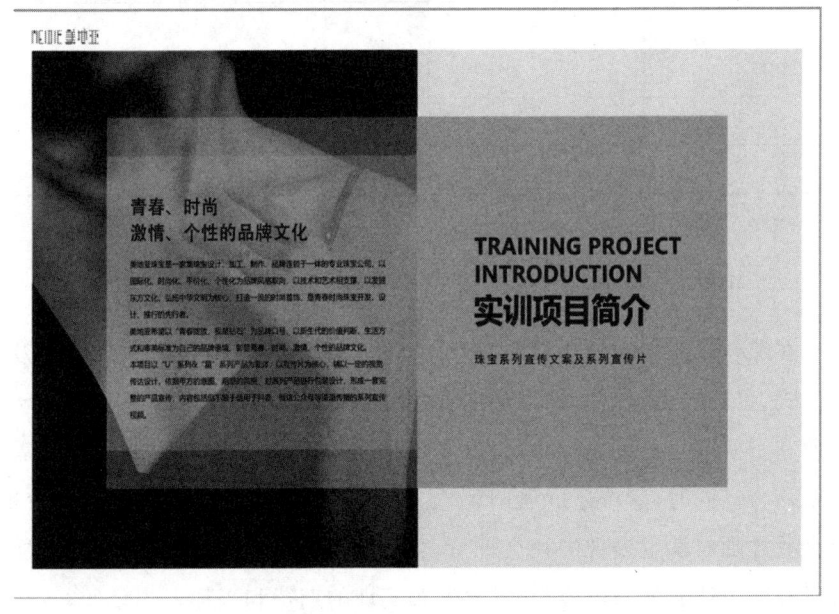

图 2-2 甲方实训项目

表 2-2　文创类综合专业实训项目设计书

项目名称	
带队教师	
项目简介	
项目人员需求	

序号	职务	人数	要求

三、开展动员组织

在综合专业实训的动员大会上，学校需明确传达实训的内容、要求及考核方式，以确保学生对实训目标的充分了解。这个环节需要紧密结合所在专业和行业市场的发展趋势，确保实训内容与专业课程和实际市场的需求紧密贴合。同时，学校还应强调评价方式，包括学生和导师的相互评价，以及企业导师对学生表现的社会评价。实训预告视频是一个很好的方式，它可以提前概述实训的内容，激发学生对实训的期待和兴趣。

四、组建学生团队

学生需要依据各自的专业背景和个人兴趣组建团队,并选择合适的导师和实训主题。这一阶段还包括完成项目申报书(见表 2-3)的填写和提交。这将有助于展示学生的团队组成,吸引潜在队员的兴趣,从而更好地推进团队的形成。

组建
实训团队

表 2-3 综合专业实训项目申报书

项目名称						
团队名称						
团队成员(第一成员为团队负责人)							
序号	姓名	班级	学号	联系方式	分工	
1						
2						
3						
4						
5						
6						
项目简介							
预期成果							
项目内容与价值论证							
项目实施方案与可行性论证							
经费预算							
经费类别				费用(元)		

项目申报书主要包括团队基本信息、项目简介、预期成果、项目内容与价值论证、项目实施方案与可行性论证,以及经费预算六个方面。

1. 团队基本信息

团队基本信息包括项目名称、团队名称、团队成员、联系方式、任务的合作及分工情况。

2. 项目简介

项目简介包括简要说明实训主题、实训主要内容和实训目标。

3. 预期成果

预期成果包括调研报告、实训宣传海报、实训宣传册、实训宣传视频、实训新闻稿、实训文案等,重点阐述企业通过实训想要获得的具体任务及核心成果。

4. 项目内容与价值论证

这部分先说明项目的具体内容,然后从社会应用价值和提升自身综合素质两个方面着手说明项目的意义。

5. 项目实施方案与可行性论证

这部分内容包括项目实施的基本思路和方法,拟解决的关键问题;具体实施计划包括实训前期、实训中期、实训后期的具体方案;从团队成员专业知识的应用、能力与素质的拓展,场地、器材等物质条件和时间保证等多个方面,论证项目实施的可行性。

6. 经费预算

经费预算要从器材购置、资料购买复印、调研住宿与交通等方面加以考虑,分项列出并计算总额。

五、接受培训指导

接受培训指导是实训过程中的重要一环。在这个阶段,校内导师和企业导师分别从管理实训课程和企业市场需求的角度,对学生团队进行前期培训和指导。这将帮助学生更好地理解任务及其要求,为他们的实际工作打下坚实的基础。

第二节 实训中期教学环节与实施

在实训过程中,导师跨专业指导学生,通过实践教学和项目化教学的方式,采用问题引导的教学方法,全程跟班指导,以及全程参与管理。

在这个阶段,学校着重强调团队服从学校统一管理的原则。学生必须参加学院组织的综合专业实训培训,并且认真接受导师团队的指导。

实训中期

一、调研阶段

学生团队按照选择的项目提交申请书后,随之展开为期一周的市场调研。团队在导师的带领下,前往实训甲方或相关市场,展开项目内容的考察,采用多种调研方式获取数据并加以整理。在市场调研阶段,实训团队需要提供现场照片、视频等相关资料,这些将为后续实训任务的开展提供重要支持。调研内容最好能以视频的形式记录,以便回顾和进一步分析实地调研的细节(见图 2-3)。

图 2-3 实训前期调研

二、方案讨论

学生团队与导师的项目方案讨论是一个开放性的过程,他们在此期间展示想法、交换意见并调整项目的方向。视频和图片记录为后续修改提供了参考和线索。

三、制订方案

团队在讨论和调研的基础上制订详尽的实施方案(见表2-4),这份方案将提供项目执行的指导和框架。拍摄相关视频资料以详细呈现方案的制订过程。

表2-4 综合专业实训项目实施方案

团队名称		项目名称	
组长姓名		导师姓名	
一、实训主题			
二、预期成果			
三、内容介绍			
四、实施方案(分为实训前期、实训中期、实训后期,写明时间段和具体规划)			

四、中期检查

学校定期进行中期检查,包括发布通知、学生团队的PPT准备、制作相关视频资料以及阶段性成果汇报等环节,旨在确保项目在中间阶段能够达到预期目标,并进行必要的调整。这一过程为项目提供了全面的进展概况,为未来的调整策略提供了重要的依据。

1. 发布通知

学校提前通知相关人员,包括学生团队成员、导师和其他相关方,中期检查的具体时间、地点和议程安排。所有相关人员应充分准备并积极参与中期检查过程。

2. 学生团队PPT准备

在中期检查中,学生团队需准备一份翔实的PPT,展示项目的中期成果、进展情况以及面临的挑战,包括项目的整体目标、已完成的任务、取得的成就以及可能存在的问题。

3. 制作相关视频资料

除了准备PPT,学生团队可能需要准备相关视频资料,以便更生动地呈现项目的实际情况,包括项目过程的录像、演示视频、用户反馈等,提供更具体的视觉印象(见图2-4)。

图2-4 实训相关视频资料

这些记录不仅提供了项目全面的进展概况,同时还为学生团队提供了审视和调整项目方向的机会。

4.阶段性成果汇报

在实训中期,学生团队需要完成项目成果的初稿设计(包括海报、宣传册、视频、设计效果图、产品包装等),作为阶段性成果(见图2-5～图2-7)。各小组团队负责人对阶段性成果以PPT形式汇报(见图2-8),导师组成考核组,对成果进行点评。学校和导师可以基于中期检查的结果提供反馈和建议,为项目的后续发展提供有针对性的指导。

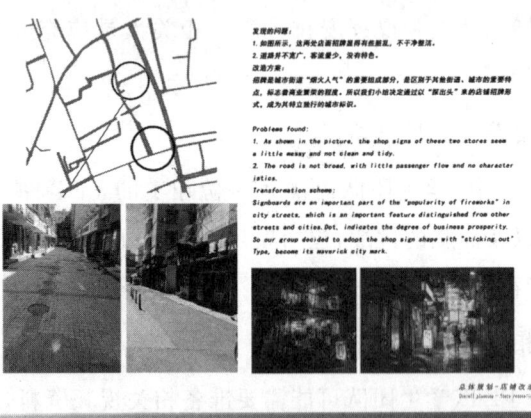

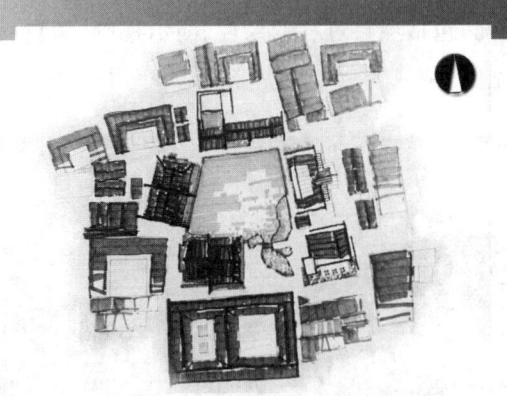

图 2-5　实训阶段成果

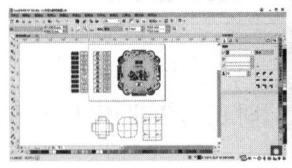

图 2-6　实训设计过程

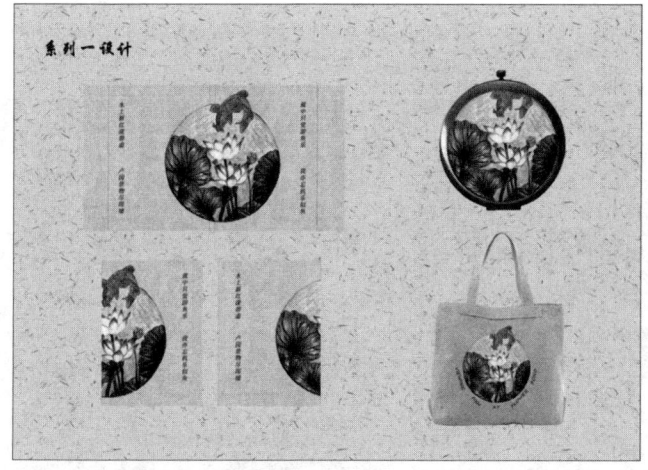

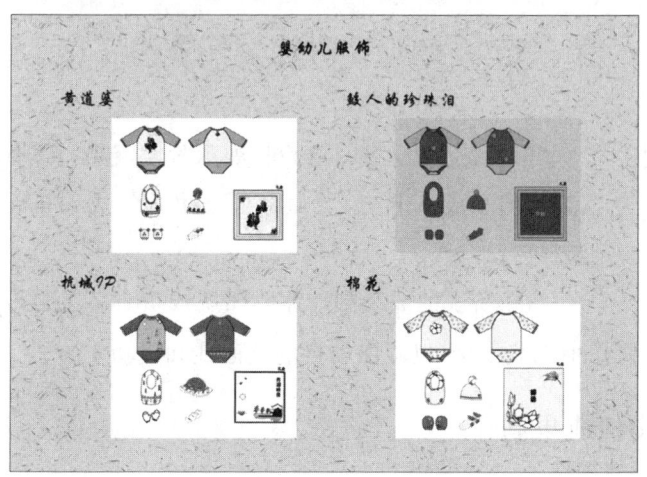

图 2-7　实训设计初版

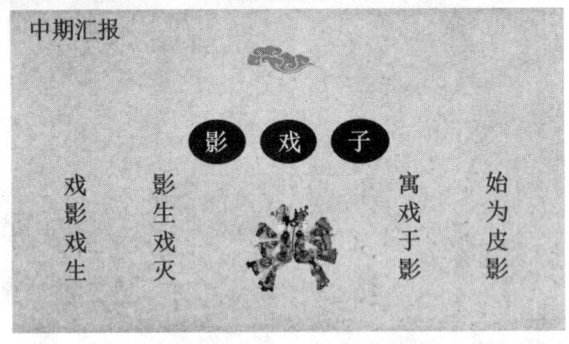

图 2-8　实训中期汇报

第三节　实训后期教学环节与实施

实训后期是成果的检验和展示阶段,包括实训成果制作、实训展出和成果上交,老师将根据团队的成果布展和提交的材料进行评分。

这一阶段的成果制作需要团队成员具备各自专业领域的技能,并在协作中无缝衔接,以确保项目的全面性和成功实施。

一、实训成果制作

在实训成果制作阶段,各专业学生需要在团队中密切协作,共同完成涉及多个方面的项目成果最终版本,包括创意设计、概念草图绘制、效果图和样品制作、产品包装、图案设计、海报设计、衍生品设计、产品摄影和宣传片剪辑、文案设计以及会议记录等任务。

实训成果制作

1. 创意设计

在这一阶段，团队成员需要发挥各自专业的创造力，将创意方案调整到最优版。这涉及对项目的整体概念和风格的把控（见图 2-9）。

图 2-9　实训创意设计

2. 概念草图绘制

将创意设计的概念转化为概念草图，以便更清晰地展示设计思路（见图 2-10）。

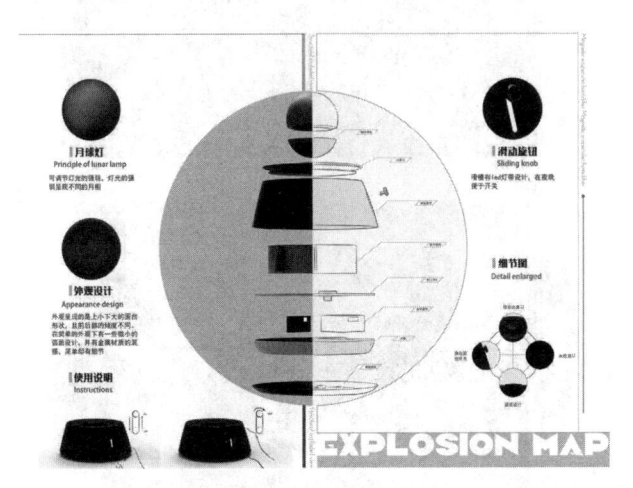

图 2-10　概念设计

3.效果图和样品制作

利用专业软件和工具,制作项目的效果图(见图 2-11)和样品(见图2-12)。样品可以是数字模型、实物样品或虚拟演示,用于呈现设计的最终效果。

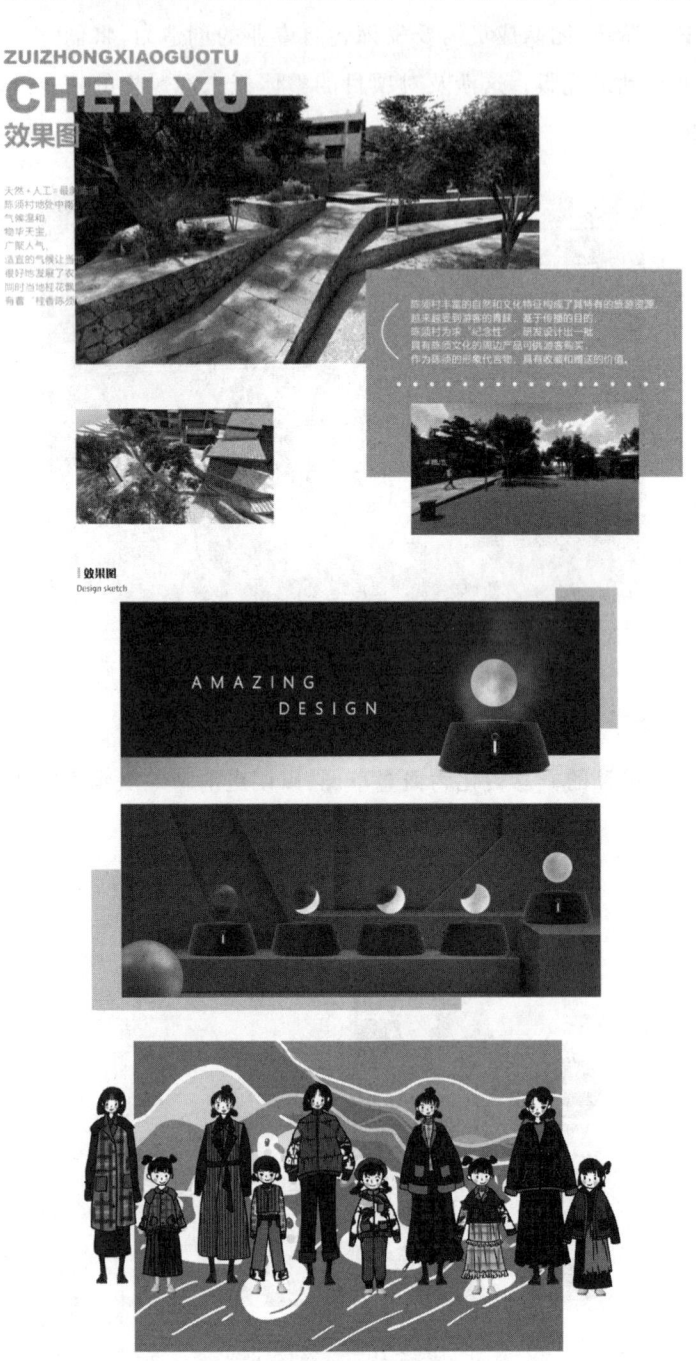

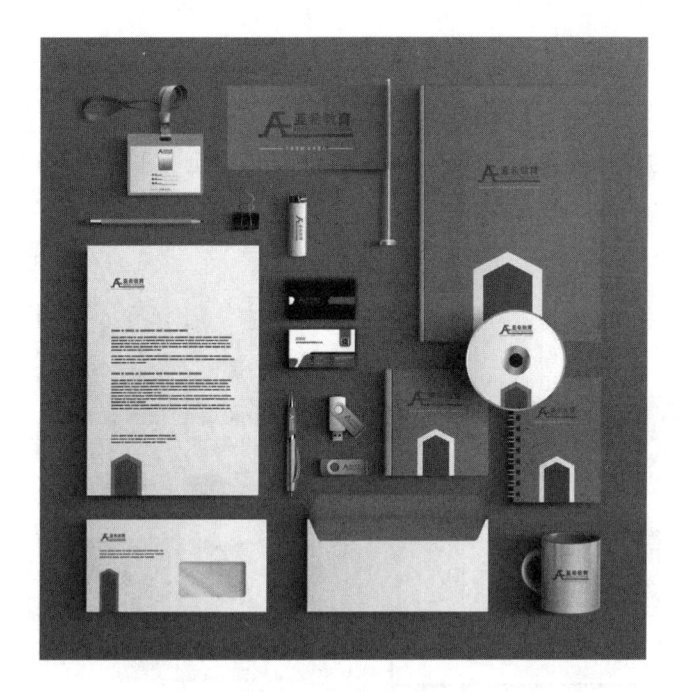

图 2-11 实训设计效果

图 2-12 实训成果样品

4.产品包装和图案设计

设计产品包装和相关图案,确保它们与产品的定位和品牌形象一致。产品包装的吸引力和设计的独特性对于市场推广至关重要(见图2-13)。

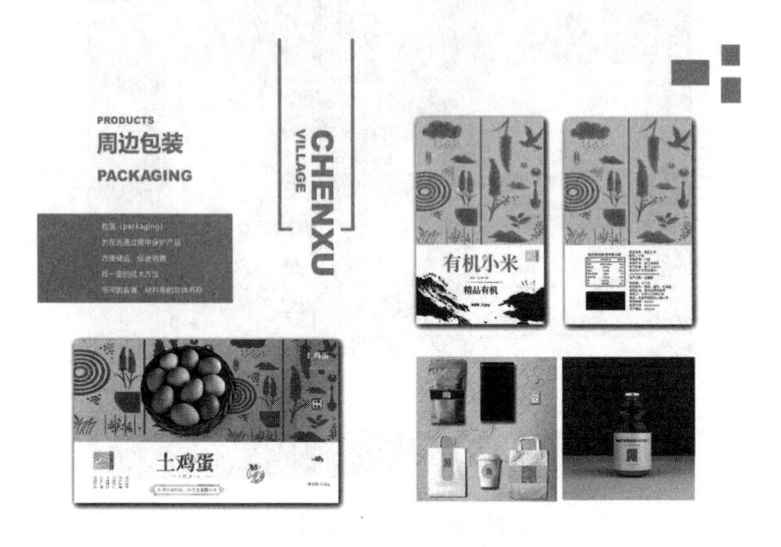

图 2-13　实训产品包装设计

5.海报设计

制作吸引眼球的宣传海报,突出项目的亮点和特色。海报设计是项目在展示和推广中引起关注的重要环节(见图2-14)。

图 2-14　实训海报

6. 衍生品设计

如有需要，可考虑设计制作与项目相关的衍生品，以增强展出效果（见图 2-15）。

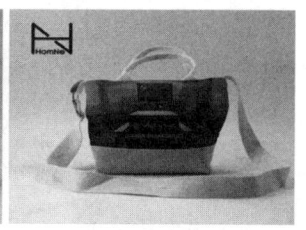

图 2-15　实训衍生品设计

7. 产品摄影和宣传片剪辑

利用专业摄影设备进行产品拍摄，制作高质量的产品图片。同时，进行宣传片的剪辑，通过视频形式生动地展示产品特点和优势（见图 2-16）。

图 2-16　实训产品摄影和宣传片剪辑

8. 文案设计

编写项目相关文案，包括产品介绍、广告语、品牌故事等。文案设计要贴合项目整体风格，具有吸引力和说服力（见图 2-17）。

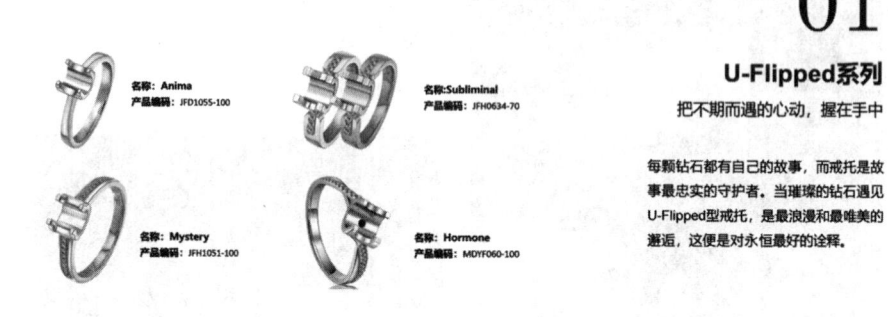

图 2-17　实训文案

9. 会议记录

记录团队会议的讨论、决策和行动内容，确保项目进展有序并为后续工作提供参考。会议记录对于团队协作和项目管理至关重要（见表 2-5）。

表 2-5 项目实训团队会议纪要

[　　]月　号

会议名称	第　次会议		
会议时间		会议地点	
会议主持人		记录人	
参会人员			
迟到、早退人员			
请假人员、事由			
会议内容概述			
会议内容			
一			
二			
三			
四			
本次会议待定事项			
事项名称	要求完成时间		责任人

整理：

审核：

时间：

二、实训展出

学生团队应当遵循统一安排，认真进行展览布置（见图 2-18）。在展示过程中，团队成员需要轮流值守，随时向前来参观的访客介绍项目。因此，要确保每位成员都了解项目的关键信息，以便提供详细而专业的解释。

实训成果展出

展示结束，团队有责任迅速撤离展品，并清理展示场地，包括收拾展示所使用的设备、材料，以及清理任何临时搭建的结构。保持场地整洁有序是对参展学生团队和学校形象的尊重，也有助于下一个活动的顺利进行。

展示结束后，团队组长负责将所有实训成果和相关材料，如设计文档、制作过程记录、成品照片、用户反馈等，及时提交学校。提交的材料应当完整、清晰、有条理，以展现团队在实训中的努力和取得的成果。这也有助于学校对学生的工作进行评估和反馈。

整个展示和撤离流程需要有组织且高效，展现出学生团队的专业素养和团队协作能力。这也是在实训中培养学生综合素质的重要环节。

图 2-18　实训展出现场

三、成果上交

各团队须提供多种实训成果，包括实训项目申报书、代表团队水平的各类材料（如新闻稿、策划书、宣传册、摄影作品、视频、活动记录等），以及实训手册，包含项目介绍和工作总结（见图 2-19、图 2-20）。

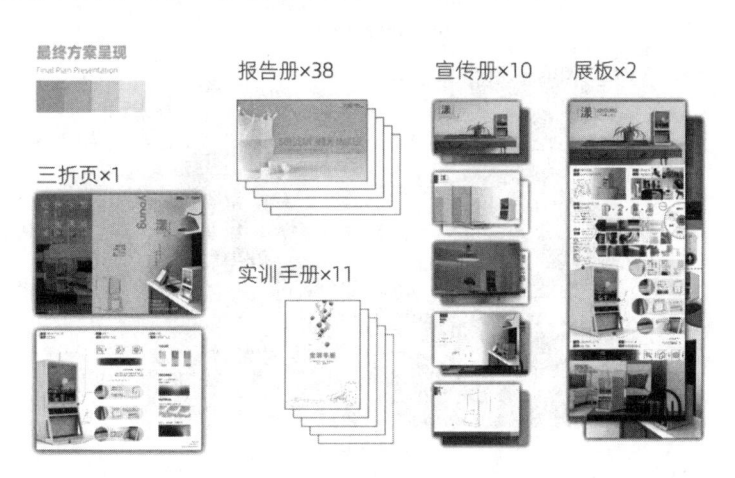

图 2-19　各类材料汇总

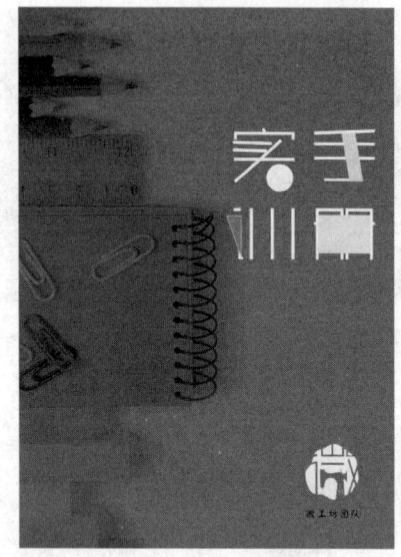

(a) 实训手册封面

(b) 实训手册内页1

(c) 实训手册内页2

图 2-20 实训手册

实训成果必须真实,不得抄袭或盗用他人成果。

四、实训评价

1. 实训考核的六大内容

(1)实训内容对综合专业实训目的的体现程度。

(2)团队规模和分工是否合理。

(3)学生是否认真接受培训和指导。

(4)学生是否严格按照实训要求认真完成任务。

(5)实训成果水平和社会应用价值。

(6)实训材料的完整程度。

这六大内容至关重要。学生应在实训的早期工作中精心准备,确保选定的实训主题能充分展现综合专业的实训目的。团队应合理分工、认真接受培训和指导、严格按要求完成任务,制作的成果还要具有社会应用价值且材料完整。

2. 实训考核方式

实训考核一般采用过程评价与结果评价相结合的方式。

导师根据学生提交的成果材料给予初步评价,再结合展出现场情况最终打分,并上报学校进行审核,同时上交综合专业实训导师指导记录表(见表2-6)。

3. 评分参考标准

实训成绩按优、良、中、及格和不及格五级制进行评定(见表2-7)。

考核评分标准:考察实训内容的完成水平和团队的综合能力(见表2-8、表2-9)。同时,项目将接受校内外导师的考核。校外导师对成果的评价,也会影响最终的评分结果。

(1)优:实训主题和实训内容能够体现综合专业实训目的,符合学院相关规定;团队规模和分工合理;认真接受培训和指导;能严格按照实训要求认真完成实训任务;实训成果水平高且有较高的社会应用价值;实训材料丰富、美观、规范。

(2)良:实训主题和实训内容能够体现综合专业实训目的,符合学院相关规定;团队规模和分工合理;认真接受培训和指导;能严格按照实训要求认真完成实训任务;实训成果水平较高且有一定的社会应用价值;实训材料较为丰富、美观和规范。

(3)中:实训主题和实训内容基本体现综合专业实训目的,符合学院相关规定;团队规模和分工较为合理;认真接受培训和指导;能按照实训要求认真完成实训任务;实训成果有一定的社会应用价值;实训材料基本规范。

(4)及格:实训主题和实训内容基本体现综合专业实训目的,符合学院相关规定;团队规模和分工基本合理;接受培训和指导;能按照实训要求完成实训任务;实训材料基本规范。

(5)不及格:弄虚作假、抄袭别人成果或不能达到上述及格条款所规定的要求。

表 2-6 综合专业实训导师指导记录表

指导时间		指导地点	
第　次指导		指导形式	
指导主题			
项目组基本情况			
指导内容记录			
学生反映			

填表说明:导师根据对学生的实际指导情况,将表格补充填写完整。

表 2-7 综合专业实训打分表

序号	团队名称	项目名称	团队成员姓名	班级	学号	学生个人成绩	项目简介	主要成果	指导老师	团队成绩	备注
1											
2											
3											

表 2-8　综合专业实训个人工作鉴定表

姓名		班级		学号	
项目名称					
团队名称			团队负责人		
主要工作概述					
序号	具体工作事项			是否按时完成	
1					
2					
3					
4					
5					
6					
7					
8					
上述内容是否完全属实			签名		
团队评价					
全体团队成员鉴定（签名）					
个人成绩			导师组长（签名）		

注：

1. 此表请用 A4 纸正反打印后填写；

2. 此表中"具体工作事项"若行数不够，请自行添加后再打印填写；

3. "团队评价"经团队成员讨论后，由团队负责人填写；

4. 此表由团队负责人收齐后，上交给各自导师评分。

表 2-9　综合专业实训会议考勤表

记录人：

团队成员	姓名	月　日	月　日	月　日	月　日	月　日	月　日
团队负责人							
团队成员 1							
团队成员 2							
团队成员 3							
团队成员 4							
团队成员 5							

注：此表与会议纪要随实训成果材料一起提交。

第三章　文创产业发展与市场调研

第一节　文创产业发展

文化创意产业是指依靠创意者的智慧、技能和天赋,对文化资源进行重塑与提升,通过知识产权的开发和运用,生产出高附加值的产品以创造社会财富、促进经济发展、增加社会就业的产业。

全球文化创意产业在全球经济中占有相当大的比重。举例而言,英国在全球最早提出"创意产业"概念,也是世界上第一个政府出台政策推动创意产业发展的国家。英国创意产业是英国经济中增长速度最快的一个产业。

中国文化创意产业在国内经济中扮演着愈发重要的角色,其增长令人瞩目。根据国家统计局2023年数据,中国文化创意产业的营业额已达到12万亿元,年均增长率已超过8.2%,意味着它已成为国家经济增长的主要引擎之一。

这些数据凸显了文化创意产业在全球和国内经济中的重要地位,以及其作为经济增长点的潜力。这也凸显了为学生提供与此产业相关的教育和实践机会的重要性。

艺术设计、广告和中文等专业的学生,大多在毕业后涉足文化创意产业。诸如广告公司、策划公司、设计公司等,都属于文化创意产业范畴。

文化创意产业具有其他经济产业无法比拟的重要特征。

一是知识密集特征。文化创意产品以文化、创意理念为核心,是人的知识、智慧和灵感在特定行业的物化表现。人才和技术构成了文化创意产业发展的基石和动力。

二是高附加值特征。技术创新和研发属于产业价值链的高端环节。文化创意产品一旦得到市场的认可,就可以在全球范围内传播,市场价值成倍提升,还可以拓展相应的衍生品市场。

三是高度融合性特征。文化创意产业是经济、文化、技术等相互融合的产物,具有高度的融合性、较强的渗透性和广泛的辐射力,不仅能带动关联产业、促进区域经济发展,还可以辐射社会各个方面,提升人民群众的文化素质。

此外,文化创意产业还具有资源消耗低、环境污染小、需求潜力大等特征,发展前景非常广阔。

文化创意产业在发展过程中取得了显著进展,但依旧面临一些问题。这些问题的核心包括以下几个方面。

1. 人才短缺

根据2023年数据,文化创意产业每年对专业人才的需求量持续增加。尽管每年毕业的相关专业人数不断增长,但文化创意领域仍然存在人才短缺现象。根据行业调查,仍有超过30%的职位空缺无法填补。

2. 教育培养与行业脱离

大部分相关专业的教育培养与文创行业的实际需求存在较大脱节。这导致从校园走向职场的学生面临现实工作所需技能与学校所教授技能不匹配的问题,超过50%的应届毕业生在职业起步时遇到实际工作技能不足的问题。

3. 缺乏高质量内容和核心创意

文化创意产业中缺乏高质量内容和核心创意的问题不容忽视。市场需求趋向精品化和高品质,而现实中仍有较多的内容缺乏创新性或独特性,也存在大量低水平的仿制现象。数据表明,约有40%的文创产品由于缺乏核心创意,导致无市场竞争力。

这些问题直接影响了文创行业的进一步发展,尽管整体发展态势良好,但需要采取有针对性的措施来解决上述挑战。

文创类综合专业实训是为了解决这些现实问题而设立的,通过模拟真实的文创行业工作环境,使学生积极参与文创项目实训,培养实践能力。实训旨在让学生深入了解文创行业,并通过实际项目制作,获得在该领域工作所需的实际经验。

第二节　实训市场调研

要深入了解文创行业,需要开展文创市场调研。调研工作是项目开展的重要环节之一,详细有效的调研是形成优秀设计的基础。这个阶段需要团队成员与甲方进行大量的沟通。调研报告的写作过程也是设计思路从模糊发散到逻辑聚焦的过程。

基于文创类综合专业实训的实践课程性质,实训市场调研知识主要分三部分:一是实训项目市场调研的常用方法;二是实训项目市场调研的三个阶段;三是实训项目市场调研报告的写法。

一、实训项目市场调研的常用方法

市场调研方法

实训团队小组成员在导师的带领下,通过实地调研、调查问卷、与甲方或者设计推广对象对话沟通等方法,系统、客观地收集、整理、分析项目各方面的信息,为后期制订具体的方案策略提供依据。实训项目市场调研要求基于具体项目内容,进行前期市场分析、了解市场需求、制订设计策略与计划,最终确定设计方向。

文创类综合专业实训项目分为三大类,分别为文化传播类、商业推广类、艺术设计类。针对这三大类文创综合专业实训项目的特点,采用实地调研法、问卷调查法、个人访谈法、小组访谈法等进行调研。

1. 实地调研法

在文创类综合专业实训调研中,学生最常选用的方法就是实地调研法。小组成员可以去项目现场进行实地考察,通过拍照、录像、测绘等方式,将现场情况记录下来,作为调研成果。

例如室内设计类项目的团队成员在导师的带领下进行场地的现场测绘。测绘内容包括具体的户型尺寸,门窗、梁柱等建筑构造与细节的尺寸等。这些前期调研数据与现场照片,都是后期设计方案时需要考虑的要素。

2. 问卷调查法

问卷调查法也是比较常用的一种方法。

问卷调查法要求提前设计好问卷,提供给答题者。可以采用现场拦截路人作答的方式,也可以采用网络问卷调查的方式。相较于现场拦截路人的方式,现在越来越多的学生会选择网络问卷调查。学生可以通过网络问卷平台,选择模板或者自己设计问卷,借助微信朋友圈的推送完成问卷调研。网络问卷调查面广,而且匿名性高,还可以根据作答结果,自动生成总结数据,方便快捷(见图3-1)。

如果新开了一家主题餐厅,大家是否愿意尝试,调查结果如下:

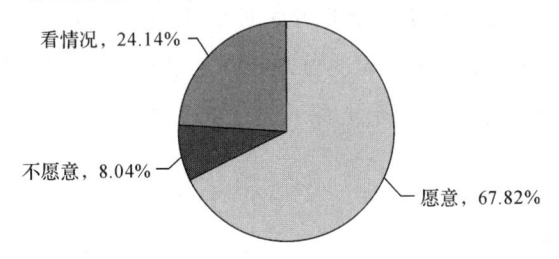

看情况,24.14%
不愿意,8.04%
愿意,67.82%

从中可以看出,绝大多数的人都愿意。

获取餐厅信息的渠道如下:

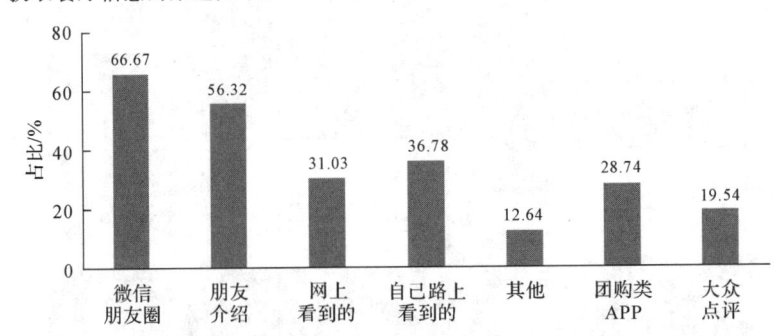

渠道	占比/%
微信朋友圈	66.67
朋友介绍	56.32
网上看到的	31.03
自己路上看到的	36.78
其他	12.64
团购类APP	28.74
大众点评	19.54

从中可以看出,大家一般是在微信朋友圈看到或通过朋友介绍来获取餐厅信息。

就餐环境如下:

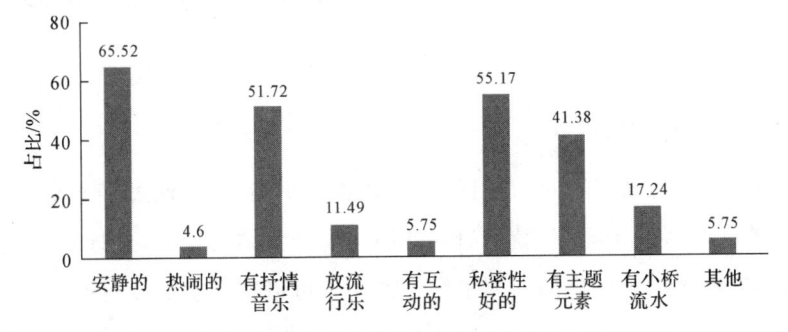

环境	占比/%
安静的	65.52
热闹的	4.6
有抒情音乐	51.72
放流行乐	11.49
有互动的	5.75
私密性好的	55.17
有主题元素	41.38
有小桥流水	17.24
其他	5.75

从以上数据中可以看出,大家喜欢安静的、有抒情音乐的、私密性好的就餐环境。

图3-1 问卷调查法结果

3. 个人访谈法

第三种比较常用的方法为个人访谈法,旨在通过针对个人的谈话,收集关键信息,掌握资料数据。个人访谈对象可以是项目甲方或者行业专家,也可以选择项目推广对象等(见图3-2)。学生可以针对具体的项目内容,自主联系或者通过导师团队联系本项目业内专家,通过与专家交流,获得最新的行业信息,确定具体的设计方向。

在访谈过程中,学生可以征求访谈对象的意见。在访谈对象同意的前提下,采取录音的方法帮助大家更好地记录访谈内容,便于后期信息整理。

访谈中收集的信息有助于更深入地了解甲方的需求,指导后续的实际项目设计和推广策略。

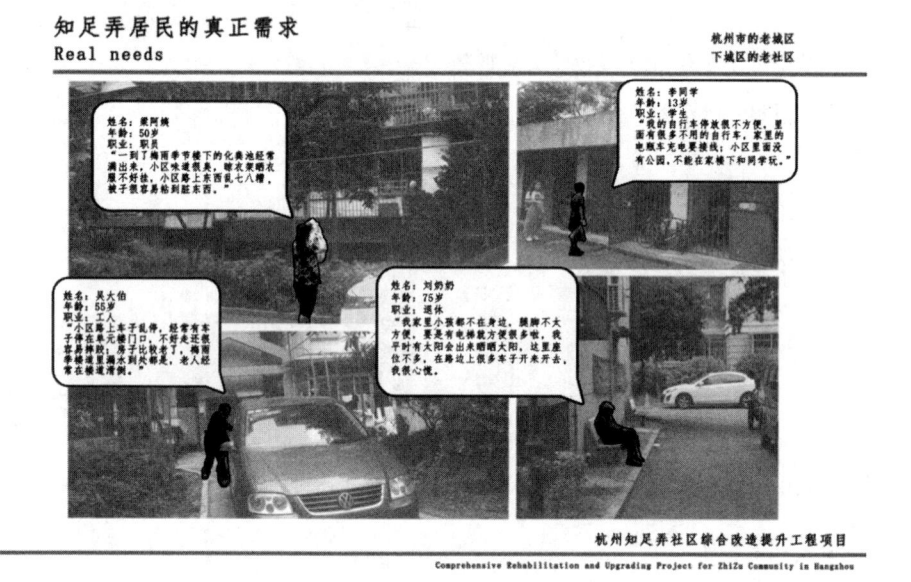

图3-2 个人访谈结果

4. 小组访谈法

这种调研方法又称小组座谈法,比较类似头脑风暴,通过小型座谈会的形式,在主持人的引导下,就所研究的问题展开集体讨论,彼此抒发观点,从而获得对相关项目问题的深入了解。被访者可以选择实训项目设计推广对象,人数一般在10人左右。在讨论过程中,需要提前对讨论问题进行设计,可以采取先讨论一般性问题,然后再就细节问题展开讨论的方式。

文化创意产业市场调研涉及对特定项目、产品或服务的市场环境和目标群体的详尽研究，通常包括对相关行业现状、潜在市场需求和竞争对手的分析。团队可以采用多种调研方法，如实地考察、问卷调查、个人访谈和小组讨论等，以获取数据和信息。这些调研有助于了解市场需求、设计策略和制订计划，确保设计方向符合实际市场情况。

二、实训项目市场调研的三个阶段

根据文创类综合专业实训的特点，大致可以将市场调研过程分为三个阶段。

1. 市场调研的前期准备

在这个阶段，实训团队的主要任务是明确调研目标，确定调研方法，制订调研内容。通过与甲方进行沟通，了解项目需求，明确需要解决的问题与需要达成的目标。

以与绿城集团合作的环境设计类实训项目为例，该项目团队的甲方为杭州绿城集团，项目内容是面向未来新一代社区景观进行的标准化设计推广。通过与甲方沟通，团队成员制订具体的任务书，其中包含项目所在区位的分析、具体使用对象的分析、项目使用功能与审美功能的分析等。此外，整个设计的风格定位、材料选择、施工难度、工程造价等问题都可以通过与甲方的前期沟通进行明确。

如果在沟通过程中，甲方提供的目标模糊不清，就需要团队成员梳理关键信息。比如，甲方提出希望设计一款既有安全性又有趣味性的儿童座椅，就需要实训团队自行查阅相关资料，了解儿童座椅设计要点、儿童的活动习惯，以及影响安全性与趣味性等问题的具体设计要素，然后依据前期沟通内容，确定调研方式，展开市场调研。

2. 调研设计与调研开展

该阶段的调研内容应结合项目实际情况，有针对性地分内容、分步骤完成。以《汉声杂志》中国童话故事文创产品设计与推广小组的市场调研为例，该实训项目与小巷三寻企业进行对接，基于《汉声杂志》中的中国童话故事，展开文创产品的设计与推广。小巷三寻是一家以保护和传承中华传统技艺为己任，立足于中华传统手织布文化，有内涵、有理想、有文艺心的企业。小巷三寻希望结合《汉声杂志》中国童话故事中的纺织元素，设计系列文创和婴幼儿产品。

实训团队应甲方要求,从《汉声杂志》中国童话故事中的纺织类故事入手,结合蚕桑文化、黄道婆织棉布、鲛人的珍珠泪等故事素材,以及杭州的城市特征,展开文创产品的设计与推广。该团队具体设计调研任务如下:

(1)选取目前市场上较为热门的婴幼儿产品品牌进行调研,对市场现有产品进行分析;

(2)深入探究《汉声杂志》中鲛人的珍珠泪、黄道婆织棉布两个故事所蕴含的文化深意;

(3)了解杭州的历史、人文景观,寻找可用设计元素;

(4)了解小巷三寻与《汉声杂志》的企业文化。

3. 市场调研结论总结

市场调研设计与写作

在这个部分,实训团队需要根据前期市场调研获取的资料,为后期方案的推进提供可参考的结论。学生可以根据各小组的具体情况,选择便于甲方理解与沟通的方式,自行决定调研成果的完成形式,比如提交调研视频,根据调研数据绘制相应的图表,或者选择图文并茂的形式完成市场调研报告等。例如,《汉声杂志》中国童话故事文创产品设计与推广项目小组,经过前期的甲方见面会、市场调研之后,在对调研成果总结、分析的基础上,最终确定了五大设计主题展开产品设计:

(1)以《汉声杂志》中鲛人的珍珠泪为设计主题的系列产品;

(2)以黄道婆织棉布故事中的纺织工具作为设计主题的系列产品;

(3)以杭城为主题设计的两个系列,一个系列为花港观鱼,另一个系列则为整合设计,整合了曲院风荷、三潭印月、花港观鱼、许仙和白娘子断桥相会的故事;

(4)以棉花自然形态为主题的系列产品设计;

(5)以鲛人的珍珠泪、黄道婆、杭城元素、棉花为主题的婴幼儿服饰设计。

调研中,需要注意以下两点。

第一,各小组需要对调研过程进行全程记录,调研结束需要提交相关会议纪要与实地考察照片、视频素材等过程材料。

第二,各小组需要对前期调研资料进行梳理,完成总结性调研成果。调研成果要求结论明确,数据真实。

三、实训项目市场调研报告的写法

在经过深入调研后,学生需要通过撰写调研报告,精准提炼设计关键词,以便在设计过程中实现良好的开局。特别是在撰写设计类调研报告时,应注重展现设计思路,并提供有针对性的设计建议。

调研报告是整个调查工作,包括计划、实施、收集、整理等一系列过程的总结,是实训项目后期决策的重要依据。市场调研是文创类综合专业实训的重要组成环节,为实训项目的后续推进提供决策依据。

市场调研报告不应该只是调研材料的简单罗列,而应该加入自己的思考,对大量的调研素材进行二次提炼,给出调研结论。市场调研报告中最有效的核心内容是关键词的提炼,关键词应根据项目提取,一般一个项目以不超过 3 个关键词为宜。

那么,如何才能完成一份既美观又实用的市场调研报告呢?通常有以下几种常见的市场调研报告撰写方法(见图 3-3)。

1. 市场趋势分析

在每个项目类型的调研中,加入关于当前市场趋势的分析,包括消费者喜好的变化、新技术的应用、可持续发展的趋势等。这样的分析将使报告更具前瞻性。

2. 技术和材料的研究

对于设计开发项目,深入研究所使用的技术和材料。例如,在石墨造型铅笔项目中,可以详细介绍石墨的特性,对比不同生产材料的优缺点。这将有助于更好地理解产品的技术依据。

3. 市场细分

对目标市场进行更详细的划分,了解不同消费者群体的需求。在调研报告中,可以加入有关特定地区、年龄群体或其他特殊群体的市场分析。

4. 用户调研的定量数据

在用户调研部分,如果可能的话,引入更多的定量数据以支持定性分析。例如,通过调查问卷或统计数据来衡量用户偏好。

5. 可行性分析

对每个项目的设计开发进行可行性分析,包括预算、时间表、技术难度等方面,这将有助于确保项目的实施且符合预期目标。如果可能,可以采访相关领域的专家或行业从业者,获取他们对项目和调研结果的看法。这样的采访可以增加报告的权威性和实用性。

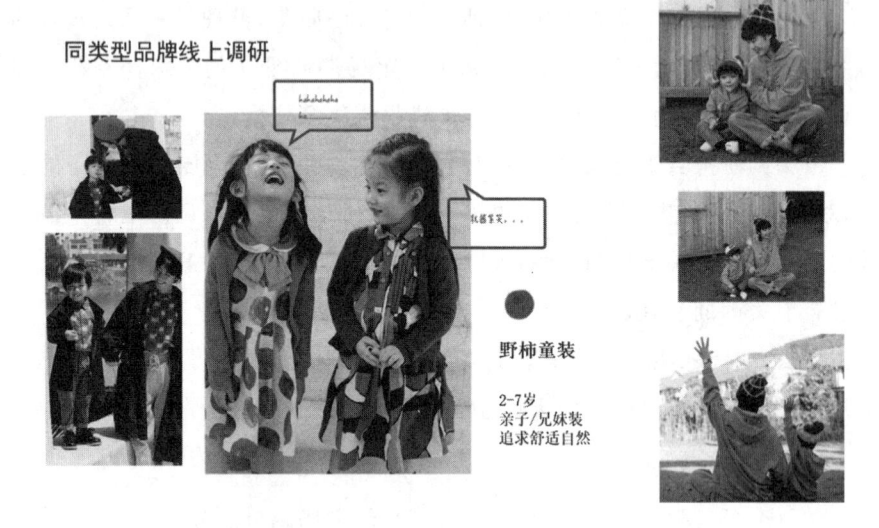

同类型品牌线上调研

野柿童装
2~7岁
亲子/兄妹装
追求舒适自然

(a)线上调研分析

线下调研

Mitti

MITTI诞生于英国伦敦,源自创始人对下一代的爱。孩子的出生让他们开始体验人和社会、自然的关系。童年应该是多元且美好的,他们希望孩子自然健康地成长,并从小培养艺术的审美品位。MITTI 从孩子的生活场景出发,围绕孩子的吃、穿、学、玩,为0~7岁的孩子提供一种全新的美好儿童生活方式。

(b)线下调研分析

图 3-3 实训项目市场调研报告写作

6. 案例研究

除了同类产品的对比调研,还可以加入成功或失败项目的案例研究,并对引入的案例进行更为详细的分析,包括案例的背景、问题、解决方案、实施过程以及成果。这样的深入分析可以提供更多细节,以便更好地理解实际项目的复杂性和成功因素。

市场调研报告可采用图文并茂的排版方式,在报告中插入图表、图示和图片以更清晰、生动地传达信息。图表包括产品设计图、市场趋势图、用户调研结果图等(见图3-4)。

图 3-4 市场调研报告

市场调研报告中的图片,除了现场拍照外,还可能来自网络。在制作市场调研报告时,应该选取清晰图片,注明图片来源,并选择重点内容做简要文字分析。如果在排版中使用了自己绘制的图片,要注意把原始照片进行处理,确保调研报告的整体美观。

杭州知足弄社区综合改造提升工程项目汇报

中篇　实训创意与设计

第四章　文化宣传类岗位实训

第一节　文化宣传概述

在文创类综合专业实训中,文化宣传涵盖了文化理解、宣传和设计技能、营销推广等多个方面,是一种将文化元素与现代传播和设计相结合的实践方式。这种实践方式可以帮助学生更好地理解和掌握文化元素,并将其应用于现代设计,不仅可以提高学生的专业技能,还可以促使学生更深入地理解和欣赏文化的价值。

文化是人类创造的一切物质和精神成果的总和,诸如语言、习惯、饮食、节庆、建筑、工具、神话、音乐、艺术等都属于文化的范畴。① 文化宣传是指通过各种媒介手段,向公众传递有关文化、艺术、科学、技术等方面的信息,以达到宣传、教育、启迪、娱乐等目的的一种社会行为。

文化宣传是文化传播的重要组成部分,是文化交流的重要方式之一。文化宣传主要是对文化类主题项目进行推广和普及,内容包括对宣传对象的跟踪拍摄、获取照片或视频素材、撰写新闻稿、设计与制作宣传海报或手册等。文化宣传具有社会性、目的性、倾向性等特点。

一般而言,在文化宣传过程中,宣传不是个人行为,而是一种社会行为。所有文化宣传都旨在影响受众,力图使受众按照宣传者的意图行动,这就是文化宣传所要达到的目的。旨在提高学生实践能力和职业素养的文化宣传类综合专业实训,也大致围绕以上几个方面展开。

在综合专业实训过程中,常见的工作有策划和组织各类文化宣传活动、

---

① 布罗克曼.文化:关于社会、艺术、权利和技术的新科学[M].侯新智,许云萍,盛杨燕,译.杭州:浙江人民出版社,2019:4.

编辑和撰写文化宣传材料、设计和制作文化宣传品等。文化宣传主要包括两类,即组织文宣和公益文宣。组织文宣,如学院招生宣传片、学院校园宣传片、小型迎新晚会或其他主题活动策划与实施、校内机构新生文宣、机构内部刊物编写等;公益文宣,如校园生活指南(寝室篇、交通篇、图书馆篇、社团篇、生活篇、饮食篇等)、重阳节民俗宣传、诚信系列公益广告、大学生"健心"或"健身"文宣、"用微笑拥抱朝阳"主题文宣等。

第二节　文化宣传类工作职能

文化宣传类工作涵盖文化推广、信息传达和品牌定位等方面。

一、专业职能分类

1. 文化传播策划

文化传播策划负责策划文化项目或活动的推广方案,确保传播内容符合品牌形象和推广目的。

2. 媒介关系管理

媒介关系管理负责与媒体协调、制订宣传方案并发布信息,确保品牌或活动在媒体上得到充分的曝光。

3. 文案与宣传物料设计

文案与宣传物料设计负责制作宣传资料、文案、海报、展览版面或其他传达信息的物料。这项工作通常需要具备一定的文字撰写和平面设计能力。

4. 社交媒体管理

社交媒体管理负责维护社交媒体渠道、管理内容发布、与受众互动,扩大活动或品牌的曝光度。

5. 活动组织和执行

活动组织和执行负责策划和组织文化活动、展览或节日演出,确保活动顺利进行,提升文化传播效果。

6.公共关系

公共关系负责与公众及相关利益相关者保持联系，建立正面关系，维护企业或活动的良好形象。

7.文化调研与分析

文化调研与分析负责进行文化市场调查和数据分析，为活动提供必要的指导和数据支持。

8.内容创作与制作

内容创作与制作负责制作多媒体内容，如视频、照片、文章等，为文化宣传提供视觉素材和内容支持。

以上职能协同进行，确保文化活动或项目的顺利开展和信息的有效传达，同时提升文化产业的影响力和曝光度。

二、工作职能详解

在文创类综合实训过程中，文化宣传类工作职能主要体现在以下三个方面。

1.编辑和撰写文化宣传材料

文化宣传工作需要撰写和编辑各类文化宣传材料，如海报、宣传册、新闻稿等，从而发挥传播文化、价值观和理念等作用。

例1：新生校园生活指南设计项目

本项目的主要任务是制作新生校园生活指南，旨在帮助大一新生更好地融入大学生活、便捷地使用各种交通工具、了解校园周边特色景点，为新生出入购物和寻觅美食提供便利。本项目既可以锻炼不同专业学生的写作、策划、设计等能力，又可以服务广大新生，增强他们对学院的好感和认可度。

例2：2018届毕业展整体形象设计项目

本项目是以该届学生毕业展整体形象为设计对象，包括毕业展的主要视觉元素、海报、邀请函、展牌、作品集、宣传视频、纪念礼品、主题环保袋等周边产品。该项目需要良好的创意理念以及突出的视觉效果，其目的在于打造属于本届学生特色和情怀的视觉形象，且能充分体现学院理念，进而推广学院的形象，推动学院的影响力。

例3：青田县环保局环保行动宣传项目

本项目是"青田县环保局环境治理调查与宣传项目"的组成部分，主要针对已经拍摄完成的一些视频素材和其他已经采访完毕的文字资料进行剪辑和整理,从而形成一套完整的青田县环保局宣传材料。

2.设计和制作文化宣传品

文化宣传工作需要设计和制作各种文化宣传品,如企业标识、名片、宣传册等。

例1:校园文明系列宣传片项目

通过校园文明系列宣传片的策划、拍摄与后期制作,针对校园各种不文明现象拍摄系列宣传片,提倡校园文明。每部宣传片时长5分钟左右,共8~10部。实训内容包括宣传片的创意与构思、脚本的写作、台词的设计、视频的拍摄与后期制作。

例2:重大节日、纪念日(与校园、学生有密切关系的)的校园宣传项目

对世界住房日(10月第一个星期一)、世界精神卫生日(10月10日)、世界粮食日(10月16日)、世界艾滋病日(12月1日)、国际残疾人日(12月3日)等纪念日进行宣传。实训内容包括宣传海报、手册文字的撰写、图案的设计、宣传视频的拍摄等。

3.策划和组织各类文化宣传活动

文化宣传工作需要根据公司或组织的需求,策划和组织各种文化活动,如演出、展览、讲座等,以便更好地实现宣传目的。

例1:学院综合专业实训文宣小组项目

本项目基于学院综合实训的需要,成立文宣小组进行实训信息统一发布、答疑,跟踪报道其他实训小组进程,安排实训成果展示等,以确保综合实训的有序开展,并及时宣传。

例2:文化传播与设计学院相关专业的网络推广项目

通过策划、创意与设计,对文化传播与设计学院的中文、广告、视觉传达设计、室内设计、产品设计、服装设计等专业进行创意性包装,设计一套用于宣传这些专业的网络推广策划方案与内容。通过微博、微信、贴吧、论坛、视频网站等各种渠道进行传播,扩大六个专业的社会影响力。

本项目贴近学生,可以充分发挥学生对各专业的理解,结合当前高中生、大学生的媒体接触习惯及喜好,设计有创意的网络推广内容与方案。

例3:中文专业5分钟招生宣传片项目

本项目是为了中文专业招生宣传的需要,在专业提供相关材料的基础上,由学生根据材料,设计脚本,组织人员,联系场地,现场拍摄,后期制作,形成一段 5 分钟左右的招生宣传片。本项目既可以充分锻炼不同专业学生的写作、策划、组织、拍摄、制作等各方面的能力,又可以为今后专业的宣传积累素材。

例 4:传统手工艺宣传平台的构建(之一):海宁皮影戏的宣传与推广项目

本项目是以现代传播手段为载体,挖掘传统手工艺,用现代人习惯的方式宣传推广传统手工艺。本项目主要宣传推广海宁皮影戏(见图 4-1),选取海宁皮影戏中的某个经典人物,通过高质量的内容吸引关注度。运用微博、微信等新媒体搭建宣传平台,继承并弘扬中华传统文化。

图 4-1　海宁皮影戏表演视频截选

此外,文化建设工作、拓展和维护媒体关系、学习和研究文化产业发展趋势、参与企业社会责任项目以及完成其他相关的工作等,也是文化宣传的重要职能。

第三节　文化宣传类岗位设置

通常来说,文化宣传类岗位设置是根据任务需求和工作性质来确定的。通过合理地设置和调整文化宣传类岗位,可以帮助组织更好地进行文化宣传工作,从而取得良好的实训效果。

宣传任务决定岗位数量、要求及人员。按照要求,综合专业实训团队人数为 4~6 人,包括 3 个以上专业的学生。根据任务需要,设置 4 个左右的岗位,每个岗位对专业都有一定要求,岗位名称主要依据任务确定。大致可以分为综合类、语言文字类、视觉图像类。综合类岗位包括项目主管、项目负责人等,语言文字类岗位包括文案、编剧等,视觉图像类岗位如摄影、美工、美案等。实训项目中的岗位设置情况见表 4-1~表 4-5。

表 4-1 原创校园话剧的创作、表演及推广岗位设置情况表

岗位	人数	专业及要求	任务
项目负责人	1 名	中文	主要负责项目的整体协调,把控项目进度,协调团队人员
编导	2 名	中文	主要负责剧本统筹、进度控制及人员安排;协助话剧的导演及现场把控
造型设计	2 名	服装	主要负责具体的人员服装设计与制作,表演人员的整体造型设计
视频设计及项目策划	2 名	广告	主要负责项目的推广策划内容,如制作宣传视频、拍摄各类宣传照、撰写宣传稿等
美案	1 名	视传	主要负责项目的包装设计,如宣传海报的设计及配合公众号的线上宣传营销
后期视频剪辑制作	1 名	广告	主要负责后期视频剪辑制作

表 4-2 青田县环保局环保行动宣传岗位设置情况表

岗位	人数	专业及要求	任务
项目主管	1 名	中文	主要负责项目的整体协调和设计实施,跟甲方沟通,把控项目进度,协调团队人员等
视频剪辑	2 名	广告	负责视频的剪辑与编制
美工及设计	2 名	视传	主要负责宣传页的设计制作,以及文案中图片的编辑修改
项目文案整合	2 名	中文	主要负责项目的文案工作,如对每一次会议的内容进行记录,对项目中的文案和资料进行整理再创作,并形成较为系统的文字稿

表 4-3　杭州主题节日社区活动策划岗位设置情况表

岗位	人数	专业及要求	任务
项目负责人	1名	中文	主要负责项目的整体协调,跟甲方沟通,把控项目进度,协调团队人员
策划	2名	广告或中文	收集信息,拍摄必要图片,策划导视系统定位点
美案	1名	视传	负责导视系统及宣传册设计
文案	1名	中文	参与活动内容设计,撰写设计稿文字内容,对成果进行统编

表 4-4　海宁非物质文化遗产动态影像保护岗位设置情况表

岗位	人数	专业及要求	任务
编剧及文案	1~2名	中文	撰写脚本,负责项目的文案工作,如对每一次会议的内容进行记录,对项目情况进行相关新闻稿撰写,配合视频摄影人员进行说明撰写,并整理成较为系统的文字稿
美工及设计	1~2名	视传	主要负责勘景、分镜头绘制、宣传海报设计等
导演	1名	广告	对视频进行整体把控,以及后期处理
摄影	1~2名	广告	视频拍摄

表 4-5　戏曲编导与录制岗位情况设置表

岗位	人数	专业及要求	任务
编剧	1名	中文	负责戏剧、戏曲的选定,剧本的改编,参与录制的统筹与协调工作
导演	2名	广告	负责戏曲导演与录制工作
剧务	1名	服装	负责拍摄期间的剧务工作
演员	若干名	不限	根据剧本设定角色数,由导演组负责招募戏份多的演员,戏份少的演员由剧组成员或临时人员客串

通过以上实训项目岗位设置情况可以发现,文化宣传类项目综合性很强。综合专业实训文化宣传类的岗位设置情况,有以下几个特点。

1. 岗位和专业匹配度较强

几乎每个岗位都需要较强的专业知识和积累。比如,文案岗位多由中文专业的学生担任。项目策划多由广告专业学生担任。设计研发多由视觉传达设计、服装设计专业学生担任。岗位设置的专业匹配度较高，有利于任务的顺利完成，实现良好的宣传效果。

2. 岗位工作任务较明确

每个岗位都有明确的工作任务。例如在"海宁非物质文化遗产动态影像保护"项目中，编剧、文案主要是撰写脚本，负责项目的文案工作，如对每一次会议的内容进行记录，对项目情况进行相关新闻稿撰写，配合视频摄影人员进行说明撰写，并整理成较为系统的文字稿。美工、设计的工作主要是负责勘景、分镜头绘制、宣传海报设计等。导演对视频进行整体把控，以及后期处理。摄影人员主要负责视频拍摄。

每个实训项目通常都会设置一个项目主管或项目负责人岗位，主要负责项目的整体协调，把控项目进度，协调团队人员。文案岗位在文化宣传类项目中通常也必不可少。

3. 岗位之间联系紧密

文化宣传类项目综合性很强，岗位之间联系十分紧密，缺一不可。在宣传过程中，要使受众明确宣传的目的，以达到良好的宣传效果，那么岗位之间的密切结合十分重要。比如，项目主管或项目负责人需统观全局，协调各方因素；文案则撰写宣传材料，使受众明确宣传对象；而美工设计的图像给予了受众直观感受。只有做到三者有机结合，才能实现良好的宣传效果。

例如，潮流小说社的实训项目，结合了以上几点，是一次比较成功的宣传（见图 4-2）。

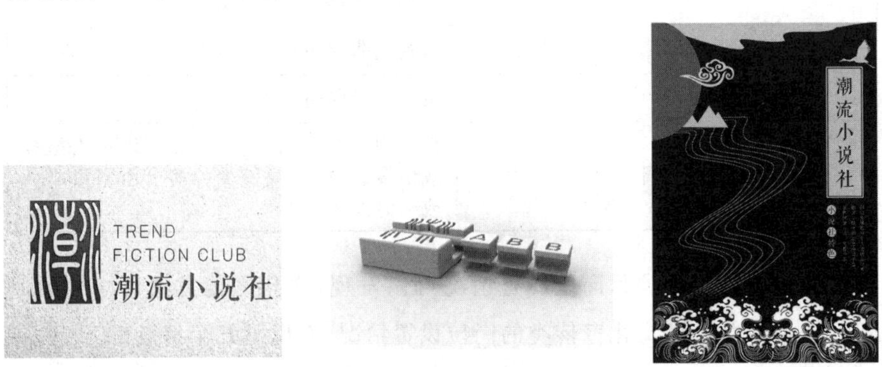

(a) logo设计　　　　　(b) 社章设计　　　　　(c) 海报设计

图 4-2　潮流小说社实训项目

总而言之,文化宣传类项目岗位专业性较强,工作任务较明确,项目综合性较强,岗位之间的联系十分紧密。对于学生来说,文化宣传类项目岗位实训是一次良好的锻炼机会,能够提高学生的专业技能以及综合协调能力。

第四节　注意事项和关键环节

综合专业实训旨在提高学生的实践能力和职业素养。在实训过程中,要善于发挥学生的主体作用,注重理论与实践相结合,引导学生通过各种形式积极参与其中,从而增强学生的主动性和创造性。要鼓励学生在实践中不断探索、创新,培养良好的创新精神和创新能力。文化宣传类项目实训过程中有以下几个注意事项和关键环节。

一、了解和熟悉宣传对象

文化宣传主要指对文化类主题项目进行推广,对某种文化或某个精神内涵进行宣传,从而达到推广普及的目的。因此,了解和熟悉宣传对象是做好文化宣传的首要前提,否则,很难达到宣传目的。

我们需要了解和熟悉宣传对象的各种情况,诸如文化和历史背景、发展过程以及其内在的精神内涵,这样才能在创作中找到灵感,创造出真正有价值的作品。

例如实训项目"中文专业5分钟招生宣传片",需要了解和熟悉中文专业,明白中文专业的特色和优势,在宣传过程尤其需要突出中文专业的特色和优势,才能顺利地完成这一宣传项目,达到良好的宣传效果。再如,"海宁非物质文化遗产动态影像保护"项目,通过收集海宁非物质文化遗产相关资料等方式,了解和熟悉海宁非物质文化遗产,让受众对海宁非物质文化遗产有所了解,达到了较好的宣传效果。

二、了解和熟悉接受对象

所有文化宣传都旨在影响受众,力图使受众按照宣传者的意图行动。在进行任何形式的沟通或创作时,了解受众是非常重要的一步。不同的受众,可能对同一信息有不同的理解和感受。

例如"文化传播与设计学院相关专业的网络推广"项目指出,"本项目贴近学生,可以充分发挥学生对各专业的理解,结合当前高中生、大学生的媒体接触习惯及喜好,设计有创意的网络推广内容与方案"。

因此,在综合专业实训过程中,需要通过各种方式来了解和熟悉接受对象,包括他们的年龄、性别、教育背景、兴趣爱好、生活经验等。知道对谁进行宣传,这样才能更好地制订宣传目标和方案,使其更符合受众的需求和期望,从而提高信息的传播效果和影响力。

三、成员间的良好协作

当今社会,专业间的合作已经成为一种趋势。综合专业实训的每个项目通常由3个以上专业的学生组成,故专业间合作的重要性不言而喻。在文化宣传过程中,语言文字和图片、视频的合理使用才能获得理想的宣传效果。由于图片拍摄较之文字撰写更为轻便,有些人往往忽视了文字的作用。例如"青田县环保局环保行动宣传""文化传播与设计学院相关专业的网络推广"等项目的良好效果,都得益于专业之间的良好协作,好的视频、图片,配上优秀的文案,能够增强感染力,带来更好的宣传效果。

四、重视细节、善于创新

在当今这个快速发展的社会中,重视细节和善于创新的能力变得尤为重要。一个人如果能够在日常生活和工作中保持对细节的关注,并且具备不断尝试新方法、新思路的创新精神,将更有可能取得成功。

重视细节意味着我们要时刻保持警惕,关注事物的每一个细微之处。这种严谨的态度不仅能够帮助我们在工作中避免犯错,还能够提高我们的工作效率。善于创新意味着我们要敢于挑战传统观念,勇于尝试新的方法和思路。在现代社会,许多行业都在不断地发生变革,只有具备创新精神的人才能够适应这种变化。此外,我们需要有一种持续学习和创新的精神。因为文化创意产业是一个不断发展和变化的行业,新的技术和理念不断涌现。只有保持开放的心态,不断学习新的知识和技能,才能在这个行业中保持竞争力。

综上所述,文创是以文化为基础,通过创造性思维进行创造和传播的一种产业,涉及艺术、设计、传媒等多个领域,是一个集创新、艺术和商业于一体的综合性产业。然而,要想在这个领域中取得成功,不仅需要创新思维,还需要对文化深入理解和热爱。可以说,文创类综合专业实训文化宣传是创新与传统的完美融合。

第五章　商业推广类岗位实训

第一节　商业推广概述

　　商业推广在文化创意产业中指的是利用广告、营销和宣传等手段,促进文化产品、服务或创意作品的市场传播和销售,包括从设计创作到市场推广的全过程。文化创意产业的商业推广通常涉及品牌推广、广告设计、宣传策划等,以吸引消费者并提高产品或服务的知名度。

　　根据统计数据,在文化创意产业中,广告和营销服务的需求逐渐增加,这也间接提升了商业推广的需求。根据《2023 中国广告主营销趋势调查》报告,文化创意产业中商业推广的市场规模逐年增长,为整个产业的发展提供了重要推动力。[1]

　　在文创类综合专业实训中,商业推广类项目要求学生运用文案与影视、艺术设计等手段,对甲方项目进行商业推广方案设计。甲方通常是一个企事业单位,需要学生实训团队来为商业产品或服务,如一个新款手机、一个化妆品品牌、一个旅游目的地等,设计并(或)执行商业推广方案。乙方则是学生组成的实训小组,需要针对甲方项目设计具体的商业推广方案并加以执行。

　　商业推广类项目是整个文创类综合专业实训中富有挑战性和实际应用价值的一类项目。在实训中,学生需要结合前期所学的知识技能,对甲方项目进行深入的市场调研和分析,了解目标客户群体的需求和消费习惯,针对甲方的产品或服务特点,制订相应的商业推广方案并进行一定或者全部的执行。

---

[1] 央视市场研究,中国传媒大学广告学院,国家广告研究院.2023 中国广告主营销趋势调查[J/OL].品牌营销传播,2023-06-06[2023-06-07].https://www.ctrchina.cn/rich/report/560.

具体而言,学生需要设计和制作广告宣传语、创意海报、短视频等宣传资料,并运用所学技能对宣传物料进行制作。此外,学生还需要根据不同的目标客户群体,选择合适的媒介和传播渠道进行推广,并对推广效果进行评估和优化。

比如在实训《王禅镇鬼谷》影视海报设计宣传项目中,除了影视剧海报本身的设计,学生还发挥了专业特色,由服装设计专业的同学设计了影视剧中的服装,由产品设计专业的同学设计了周边宣传产品(见图5-1),丰富了商业推广的物料,对该影视剧(播出时改名为《鬼谷新传》)的宣发起到了锦上添花的效果。

图 5-1 《王禅镇鬼谷》影视海报设计宣传项目成果

一、发挥创新思维和策划能力,制订多种营销策略

在设计商业推广方案时,学生需要充分发挥创新思维和策划能力,从多个角度出发,制订多种营销策略,并注重策略的可行性和效果的可评估性。

除了传统的广告宣传方式,学生还可以运用新媒体平台和网络营销手段,如社交媒体宣传、网络信息流广告投放等,扩大甲方产品(服务)的知名度和影响力。

例如龙吟拉面小红书策划运营项目,学生通过小红书运营,单条笔记阅读量过万(见图5-2),为甲方龙吟拉面店带来了真实的客流转化和到店消费量。

图 5-2　龙吟拉面小红书策划运营项目数据

二、根据目标客户群体，选择不同的媒介和传播渠道

例如，针对年轻人群体的产品或服务，可以选择在社交媒体平台上进行宣传和推广；针对中老年人群体的产品或服务，可以选择在传统媒体上投放广告。

三、对推广效果进行评估和优化

评估的方法可以包括网站流量分析、社交媒体互动数据分析、广告投放效果评估等。通过评估结果，学生可以及时调整推广策略，优化营销方案，提高推广效果和转化率。

整个商业推广方案设计的过程不仅可以培养学生的实际应用能力和创新思维能力，还可以帮助学生了解商业市场的竞争态势和营销策略的运用技巧，为未来的职业发展打下坚实的基础。

商业推广是一个需要不断尝试和创新的领域，需要学生具备敏锐的市场洞察力和创新思维能力。通过综合专业实训的商业推广类项目训练，学生将深入了解商业推广的运作流程和策略制订方法，提高实际应用能力和职业素养。

第二节 商业推广类工作职能

商业推广类项目在文化创意产业中涉及多种工作职能。这类项目常要求参训学生运用广告、营销和设计等领域的技能，目的是在社会上推广某一产品、服务或创意作品。

一、专业职能分类

1. 市场调研

在商业推广项目中，市场调研是至关重要的一环，包括了解目标市场、竞争对手和潜在客户。通过数据分析、统计、调查和研究，确保商业推广方案能够准确、有针对性地传达信息。

2. 广告和宣传设计

这项工作需要设计能力，包括平面设计、视觉传达设计、海报设计、广告语创作，甚至数字媒体素材的设计。专业的视觉和文字表达能力对于吸引目标受众和传递特定信息至关重要。

3. 市场营销策划

商业推广需要制订整体策略，从广告、促销活动、媒体选择、品牌定位和宣传渠道等方面全方位考虑，确保得到信息最大限度的传播并吸引目标受众。

4. 活动策划与执行

商业推广需要协调多方资源，确保广告、活动和宣传项目按计划推进。

5. 数字营销、社交媒体营销

商业推广需要运用数字媒体、社交媒体平台和在线广告，以确保信息传播的多样性和广泛性。

6. 营销评估和优化

商业推广需要实时监控市场反馈，根据反馈信息优化广告宣传策略和执行方案。在此过程中，需要对数据进行分析和解释，以便调整宣传策略满足市场需求。

此外，为了确保信息传播的广泛性和深度性，项目团队需要充分发挥各自专业领域的专长，团结合作。

二、工作职能详解

1. 市场调研

为甲方进行市场调研和分析，了解行业趋势和竞争对手情况，为营销策略的制订提供支持。

例：壹木漾产品定位及市场宣传推广项目

本项目需要学生调研分析护肤品市场，并根据市场调研报告确定壹木漾水合动力霜产品的市场定位和受众需求。基于此，商议出水合动力霜产品的推广思路并制作营销推广策划案。

2. 广告和宣传设计

学生参与整个广告创意和制作过程，包括文案撰写、设计、视频制作等。他们需要学习如何创作有效的广告内容，以吸引目标受众的关注。

例1：《王禅镇鬼谷》影视海报设计宣传项目

在本项目中，学生需要与甲方《王禅镇鬼谷》影视剧组合作完成。具体实训流程根据甲方需求展开，设计团队需要在甲方规定的时间和要求内，进行海报设计、电影预告片制作、海报周边设计制作，并且在正式设计前，团队要详细观看并了解《王禅镇鬼谷》，经过商讨后设计概念海报、人物海报、电影周边产品等广告物料。

例2：杭州市三贝中医诊所宣传项目

在本项目中，学生需要完成三贝中医诊所微信公众号营销推文撰写、诊所宣传视频拍摄等。

3. 市场营销策划

学生可以参与促销活动的策划和执行，了解如何吸引消费者购买，并与销售团队密切合作，确保活动顺利进行并达到预期效果。

例："龙吟拉面"大众点评运营项目

在本项目中，学生需要设置甲方"龙吟拉面店"在大众点评网的套餐，进行售卖搭配，以达到通过降低销售单价提高销售总量的营销目的。

4. 活动策划与执行

学生协助策划和执行各种公关活动，如新闻发布会、产品发布会、企业社会责任活动等。他们需要学习如何与媒体、合作伙伴和利益相关方建立良好关系，以确保活动的顺利进行和有效传播。

例1:《天空的空》新书推介发布会项目

在本项目中，学生需要对新书《天空的空》进行宣传，举办小型发布会，设计发布会流程并准备物料，进行进一步的推广。

例2:西湖之声"小西抢鲜玩"周末亲子活动平台设计及宣传推广项目

本项目通过"小西抢鲜玩"平台投放，以"咕噜咕噜"火锅节为主题，在宣传火锅节的同时，完善亲子活动体验。本项目结合市场调研，通过问卷调查、网络资料收集等方式开展前期分析，制订一系列线上与线下相结合的营销策略，制作活动相关周边和活动宣传海报，并对"咕噜咕噜"火锅节的活动流程进行优化设计，最终让火锅节活动的受众群体更加广泛，节日活动效果更佳，亲子活动体验更好，带来更高的经济效益和社会影响力。

5. 数字营销、社交媒体营销

学生需要关注新兴营销领域，如数字营销、社交媒体营销、内容营销等，并学习将这些技能应用于实际工作，以提高营销效果和竞争力。

例:丽水市青田县祯旺乡仙峡村农产品推广及营销方案策划项目

在本项目中，学生需要对丽水市青田县仙峡村农产品进行评估，通过创新思路开拓完成一套因地制宜、带有区域特色的推广及营销方案。通过微信公众号、抖音、快手短视频、小红书等社交媒体平台的宣传，提高仙峡村农产品的知名度，打开对外销路。

6. 协助营销评估和优化

学生可以协助进行营销活动的效果分析，通过数据分析提出优化建议，提高营销效率和企业收益。

例:顺联动力 & 娃哈哈益生菌新品新媒体全案推广项目

在本项目中，学生需要针对益生菌固体饮料产品，确定传播主题、传播目标以及不同传播阶段的一系列营销活动，制作新媒体广告策划案，并通过小红书等社交媒体平台营销宣传。在本项目中，实训小组成员需要收集和总结相应的新媒体运营数据，并反馈给甲方企业以达到更好的营销效果。

总之，选择商业推广类项目进行实训的学生实训小组，需要具备学习和发展意识，通过实际工作积累经验和技能，以便在未来能够更好地胜任商业推广类岗位工作。

第三节 商业推广类岗位设置

通常商业推广类岗位设置是根据任务需求和工作性质来确定的。通过合理地设置和调整实训岗位，可以帮助学生团队更好地进行实训工作，从而取得良好的实训效果。

实训任务决定岗位数量、要求及人员。按照要求，综合专业实训团队人数为4~6人，包括3个以上专业的学生。根据任务需要，设置4个左右的岗位，每个岗位对专业都有一定要求，岗位名称主要依据任务确定（见图5-3），包括并不限于项目主管/小组组长、营销策划专员、美术设计专员、视频拍摄剪辑专员等。

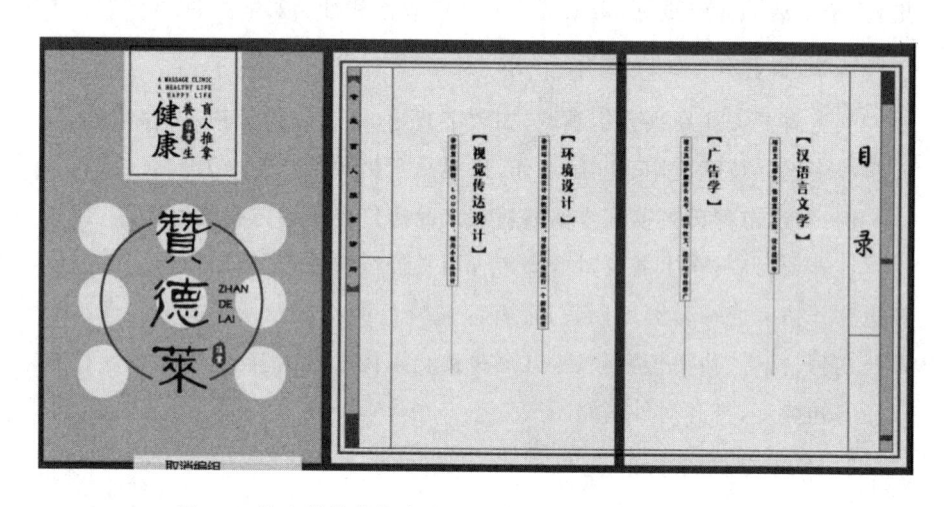

图 5-3 海宁赞德莱推拿诊所环境改造与推广项目岗位设置

海宁赞德莱推拿诊所环境改造与推广项目

小组实训项目中的岗位设置情况如下。

一、项目主管

项目主管的任务是根据项目甲方的要求设定实训项目的框架，明确项目的整体目标，协调小组成员之间的工作，与项目甲方保持联络沟通，掌握时间节点，保证项目按时按质完成。岗位设置参见表5-1。

表 5-1　丽水市青田县祯旺乡仙峡村农产品推广及营销方案策划项目岗位设置表

岗位	人数	专业及要求	任务
项目主管	1 名	不限	主要负责项目的整体协调、设计实施，跟甲方沟通，把控项目进度，协调团队人员
推广策划	3 名	广告	负责设计项目推广策划方案和执行
文案	1 名	中文	负责文案的撰写
视觉设计师	1 名	视传	负责营销策划案、海报等视觉设计方案

二、营销策划专员

营销策划专员的任务是与小组成员一起根据产品特点和市场环境制订营销策划方案，设计营销活动，不断测试营销效果，完善营销方案，并将营销方案提交给项目主管。岗位设置参见表 5-2。

表 5-2　达达鱼艺术教育招生推广宣传项目岗位设置表

岗位	人数	专业及要求	任务
项目主管	1 名	不限	负责与甲方的沟通传达以及小组协调管理
文案	1 名	中文	策划与文案撰写
拍摄剪辑专员	2 名	广告	拍摄与剪辑招生宣传片
营销策划专员	2 名	不限	负责设计和执行在新媒体平台进行内容推广的营销策划方案

三、美术设计专员

美术设计专员的任务是根据项目要求设计相关作品，包括营销策划方案的美化、IP 形象的设计、产品的包装设计等。岗位设置参见表 5-3。

表 5-3　网络电影《我们的时代》宣发物料项目岗位设置表

岗位	人数	专业及要求	任务
项目主管	1 名	不限	主要负责跟甲方沟通，协调团队人员，把控项目进度等
拍摄剪辑专员	2 名	广告	负责项目宣传片的拍摄剪辑
美术设计专员	3 名	视传	负责宣传海报和 logo 的设计

四、视频拍摄剪辑专员

视频拍摄剪辑专员的任务是完成项目视频的拍摄和后期剪辑,用视频的形式呈现产品的特点,吸引用户关注。岗位设置参见表5-4。

表 5-4 心想科技短视频推广项目岗位设置表

岗位	人数	专业及要求	任务
项目主管	1名	不限	主要负责跟甲方沟通,协调团队人员,把控项目进度等
创意文案	2名	中文	了解产品市场,需要完成相应的视频脚本和文案
视频拍摄剪辑专员	3名	广告	完成短视频拍摄、后期剪辑和发布

每个实训岗位都要遵循实训项目的目标,与其他实训岗位协调合作,共同推进项目进展。

第四节 注意事项和关键环节

通过掌握工作中的注意事项和关键环节,参训学生将能在商业推广类实训项目中取得更好的成绩,提升自己的专业实践能力和就业竞争力。

一、注意事项

1. 知识产权

文创类综合专业实训项目大部分会涉及知识产权。

(1)要保证未抄袭、挪用他人的知识产权作品,在实训期间保证运用自己的原创作品或者已授权素材完成实训项目所需的作品。

(2)要明晰与项目甲方之间的知识产权归属。一般在项目完成前,知识产权属于学生团队,在项目完成评分且甲方完成项目奖励支付(如有约定)后知识产权转移给项目甲方使用,但学生团队享有相应的署名权。

2. 学生能力

(1)团队协作能力:实训项目的执行涉及项目甲方、项目导师和至少跨

3个专业且担任不同岗位的学生,学生需具备良好的团队协作能力,能倾听他人意见,尊重团队成员贡献,并积极寻求合作机会。

(2)沟通与协调能力:实训项目涉及多方人员,学生须具备良好的沟通与协调能力,能与导师、团队成员、合作伙伴等进行有效沟通,确保项目顺利进行。

(3)解决问题的能力:实训项目中可能遇到各种问题。学生需具备解决问题的能力,运用所学知识和技能应对挑战,不断尝试新方法和新策略,提升解决问题的能力。

(4)创新意识:实训项目注重创新。学生需具备创新意识,敢于尝试新事物,敢于挑战传统观念,为项目带来更多创新元素。

(5)项目管理能力:实训项目从创意到执行落地需要在6周内完成,时间紧、任务重。同时,实训项目和商业项目不同,相应能够调用的资源较少,因此需要参训学生合理安排时间和资源,确保项目顺利完成。

3.导师指导

(1)在项目申报时,导师应明确项目需完成的任务和需要的岗位类型,以便学生结合自身的能力来匹配项目。

(2)在项目中期,导师需要经常性地与项目甲方以及参训学生进行会议沟通,把握实训进度。

(3)在学生参与实训项目完成作品遇到困难时,导师应及时予以指导和提供修改意见。

(4)导师需要关注学生团队之间的合作情况以及学生个人的参与程度,做到打分公平公正。

二、关键环节

在商业推广类实训项目中,参训学生须注意以下关键环节,以确保项目成功与自我成长。

1.深刻理解行业背景

在开始实训之前,对所选项目的所在行业进行全面研究,深入了解行业的发展趋势、竞争状况及市场需求。这有助于确立具有针对性的推广策略。

2. 明确目标市场

依据行业背景及目标市场的需求,为项目设定明确的市场定位。理解目标客户的需求,可助力制订更具吸引力的推广方案。

3. 制订营销策略

根据市场需求和自身优势,制订一套完整的营销策略,包括选择合适的推广渠道、制订合理的价格策略、设计精美的广告素材等。

4. 实施推广活动

将策略付诸实践,开展线上线下的推广活动。关注活动效果,并适时调整策略,以实现最佳推广效果。

5. 数据跟踪与分析

在推广活动进行的过程中,收集各类数据,如新媒体广告素材访问量(抖音、微博、小红书、微信公众号等)、转化率(CPM:千人展示成本)、投流成本等,以评估推广活动的效果。数据分析可揭示推广活动的优势与不足,应适时调整策略,提升推广效果。

6. 建立合作伙伴关系

与项目合作方建立良好关系,包括与甲方导师、项目校内导师、项目协作单位等保持紧密联系,共同推进项目进展。

第六章　艺术设计类岗位实训

一、艺术设计概述

在文创类综合专业实训中，艺术设计涵盖了前期调研、方案制订、甲方对接、效果呈现等多个方面，是一个多方协作的过程。作为将实际项目要求和创意设计相结合的实践方式，学生需要将自身的专业设计知识应用到实际的设计项目当中。这类实践方式能够很好地帮助学生提高自身的设计能力和实践能力，并且能够让学生更深刻地理解自身专业的实际作用。

设计是指通过某种形式将设想、规划实际表现出来的活动过程。设计具有社会服务属性，是一种社会行为。设计必须把实用性放在主要位置，再综合考虑美观性、经济性和环保性。

在宏观层面，设计可以理解为为了达到某一特定目的而展开的设想、规划、计划、安排、布置、筹划、策划等一系列工作。在微观层面，设计可以特指在一个实际项目中，开展各种构成要素的拆分和组合，并且调整和把握整体与部分的关系，创作出一件或多件作品，最终呈现出一个完整作品的过程。

艺术设计在生活和学习中无处不见，是社会、经济和文化发展的关键要素。艺术设计不仅能够促进社会文化的繁荣和发展，还能够推动经济增长和社会进步。在文化产业领域，艺术设计能够提供创意和设计服务，为文化产业的发展提供有力支持。艺术设计对于个人和社会的意义同样重要，艺术设计能够提高大众的审美能力和文化素养，有利于拓展个人的思维、激发灵感，促进人的全面发展和社会的稳步向前。

艺术设计不仅涉及视觉和听觉，而且涉及项目核心的概念和作品情感的流露，是一个"有血有肉有灵魂"的创意过程。在综合专业实训过程中，艺术设计相关项目囊括了视觉传达设计、环境设计、产品设计和服装设计4个专业方向内容。通过学生全程参与真实的艺术设计项目,达到提高学生的实践能力和提升学生职业素养的效果。

第二节 艺术设计类工作职能

艺术设计类工作职能,是将客户(甲方)的实际项目需求结合项目情况、甲方想法、项目预算和设计师自身的审美、经验以及技艺,调研、沟通并设计出一套功能性、实用性与美观性兼得的设计方案。

同时,艺术设计类工作也会根据不同的专业方向或项目内部的不同设计需求而细分,设计师将根据自己的专业方向负责并担任相应的设计任务。

一、专业职能分类

1. 视觉创意与设计

视觉创意与设计需要融合艺术、技术和文化,设计师需要具备创造力,能够构思和设计视觉元素,例如品牌标识、广告、海报、网页设计等。

2. 平面设计

平面设计需要制作平面设计元素,包括印刷品、包装、杂志、广告等,设计师需要掌握排版、配色、图像处理等技能。

3. 产品设计

产品设计需要设计产品外观、功能等,涉及数码产品、家具、交通工具等领域,设计师需要综合考虑美学、功能性和制造可行性。

4. 时尚设计

时尚设计需要设计服装、配饰或鞋类产品等。设计师需要把握时尚潮流、面料与色彩搭配,并进行样品制作。

5. 多媒体设计

多媒体设计包括网页设计、动画、视频编辑和特效制作。设计师需要掌握多种数字工具和软件。

6. 室内设计

室内设计需要设计室内空间布局、家具、装饰物等。设计师需要同时关注空间的美感、功能性和设计方案的可操作性。

7. 艺术指导与创意管理

艺术指导与创意管理负责整个项目的创意方向和审美风格,协调团队,确保整个设计团队朝着统一的目标努力。

这些职能相互交织,以不同方式体现在不同领域的设计工作中。设计师需要综合运用艺术、创意、技术等多种手段,以满足客户或项目的需求。

二、工作职能详解

在艺术设计类综合实训过程中,艺术设计类工作职能可以通过 4 个不同专业方向体现。

1. 视觉传达设计专业方向

视觉传达设计师需要根据项目特定的设计目的,对信息进行分析、归纳,并通过文字、图形、色彩、造型等基本要素进行设计创作,将可视化信息传达给受众,并对其产生影响。简言之,视觉传达设计是通过视觉媒介表现传达给受众的设计,该专业的就业领域广阔。

例 1:"面院士男士洗脸吧"品牌宣传推广项目

本项目是"面院士男士洗脸吧"品牌宣传推广项目,需要学生小组通过调研、创意设计,对"面院士男士洗脸吧"进行品牌形象塑造,设计一套用于宣传该品牌的视觉识别系统手册及相关周边,在打响新品牌的同时扩大其社会影响力。

本项目对学生而言是一次很好的积累实战经验的机会。通过参与该项目,学生可以了解参加工作之后如何与甲方相处交流的方式方法,并且不同专业的学生可以相互了解并学习到不同的专业知识技能。

例 2:海宁公安局反诈宣传及 IP 应用设计项目

本项目以"反诈骗"为主题,在海宁公安局已搭建的反诈骗宣传口的基础上,用全新的文案语言及表现手法注入年轻大学生视角的反诈方案。本项目分为 3 个部分:(1)对海宁公安局反诈骗内容进行宣传,制订相应方案,并制作小视频;(2)根据应用场景设计海宁公安 IP 形象相关海报、表情包等衍生品;(3)利用海宁公安 IP 形象进行文创产品的应用设计。

实训过程能够锻炼学生多方面的能力,包括最基本的与他人沟通的能力、专业技术能力等;能够让学生了解到这类官方宣传项目的基调,以及此类宣传视频在各短视频平台中是如何选题、拍摄、制作完成的。

例3：浙艺金鹊电影节视觉形象设计项目

本项目以第五届浙艺金鹊电影节暨原创影像大赛的视觉形象为设计对象，制作宣传海报（静态/动态）、易拉宝、邀请函、环保袋等周边产品和宣传物料。本项目需要良好的创意理念以及突出的视觉效果，其宗旨在于打造浙艺金鹊电影节视觉形象，扩大该电影节的影响力。

实训团队由视觉传达设计、广告、中文专业的学生组成，不同专业负责不同内容，需要学生发扬团队精神，一起为共同的目标努力。

2.环境设计专业方向

环境设计以建筑学为基础，设计师需要掌握建筑、景观和室内等多门学科的相关专业知识。环境设计作品强调"艺术"与"技术"的有机结合。环境设计专业涉及学科范围广泛，包含家装设计、工装设计、建筑外观设计、园林景观设计和工程施工等多个领域。

例1：杭州叁拾贸易有限公司居家工作室室内设计项目

本项目是杭州一家设计公司提供的家装设计项目。项目位于浙江省杭州市余杭区良渚文化村，是一处跃层室内空间，面积约180平方米。甲方意欲打造一个能充分满足其工作需求的工作室和舒适私密的起居环境，设计能满足展览需求（业主为手办设计师）的一系列展示空间。学生小组需要通过调研大量家装空间、展示空间案例，并收集相关材料、工艺技法等资料完成该套室内设计方案，最终以此项目为基础，完成综合实训项目的宣传设计。

本项目贴合学生的专业发展方向，能够很好地使学生将从书本上、课堂上学到的理论知识运用于实践中。通过实训，能够锻炼学生做项目的能力，提高学生独立思考问题、实践操作的能力。在工作过程中，能够让学生复习以前学习过的知识，并掌握应用知识的技巧等。同时，实训中的项目作业能够使学生树立团队精神。

例2：绿城华安·桂语滨湖二期景观规划设计项目

绿城华安·桂语滨湖小区由舒城绿城华安房地产开发有限公司和管理商西南绿城房地产开发有限公司共同打造，定位城市南向发展桥头堡，是位于新滨湖中央居住区核心的一座高品质家园。

学生小组的任务是小区景观方案概念的设计。学生小组需要去各个最新的小区进行实地调研,同时在互联网上寻找相关设计方案作为参考。本项目注重景观概念设计,需要拥有相关的景观设计理论基础。通过理论基础结合项目实际,提出真正符合当下"新式小区"景观设计的方案概念。本次综合实训需要完成1份项目设计方案文本、1套项目设计方案图纸、1份项目宣传展板以及1份综合实训手册。

此次综合实训活动能够让学生接触到真实的公司项目。在制订项目实施方案时,学生团队内部会产生意见分歧,经历数次讨论和沟通,才能将最后的设计图呈现出来。

此类经历让学生快速成长,既能够锻炼个人的操作技能,又能够促进组员间的默契和配合度。在与公司的合作中,团队成员表达见解后,会收到公司的反馈和建议,真正地达到和实际接轨。在工作中,学生能够意识到自身的不足之处,在面对真实的设计项目工作时,应当提高相关安全意识;从客户的角度考虑问题,不能有丝毫的懈怠,对自己和对客户负责。

例3:"橘子观光工场"改造项目

本项目实地考察海宁高科技农业示范园区的环境,以"橘子"产业为特色,进行"旧厂房"改造设计,设计集乡村旅游、农事体验、研学教育于一体的"橘子观光工场"。厂房具体分为展示空间、观影空间、教育空间、活动空间、手作空间和零售空间6个部分。项目最终需要完成老厂房建筑外立面设计、室内空间设计、logo与导视系统设计以及空间活动策划,工厂内部空间需要为观光游客提供教育、文化、体验、互动和品尝等多功能的空间场景。

学生团队最终以"橘子研究所"为项目主题名称,打造以橘子研学为主题的综合展览空间,为观光游客带来教育、文化、体验、互动和品尝等多功能的空间场景体验。

综合实训期间,学生团队在导师的带领下进行实地考察,与甲方面对面沟通,了解项目需求,进行专业分工,从而开始项目设计。每位成员尽自己所能将学习知识运用到实践中,在合作中增强人际沟通和交流能力,促进团队协作能力的提升。

3.产品设计专业方向

产品设计旨在运用设计原理对项目产品的造型、功能、结构、材料和工艺等属性进行整合优化与创新设计,使之更能符合用户的使用、审美和情感需求,同时兼顾商业和使用环境需求。在国家大力推进制造业转型升级的背景下,产品设计专业相关就业方向越来越受到社会的重视。

例1:西泠印社倚石苑文创产品设计项目

本项目是为西泠印社七任社长和知名社员设计文创产品,宣传和推广西泠印社的金石印学,让广大金石篆刻爱好者和年轻文化群体了解西泠印社的历史并有所传承。学生团队的主要任务是设计一款礼盒,分别为吴昌硕、陈半丁、王雪涛礼盒,其内包括印章头、印章、印泥、印泥搅拌棒等。

此次实训不仅能够使学生感受到实际产品的设计要求,还能够使学生对其他专业有更为全面的认知,并对学生自身的提升起到很大的促进作用。在设计模型的过程中,学生小组也更加注重模型的可行性,更加注重对西泠印社主题的把握及小组内部的分工、合作、磨合等问题。

例2:小呦暖风机商业摄影及电商设计项目

本项目主要是对小呦暖风机进行商业摄影与电商页面设计。学生团队紧跟市场潮流,进行多方面探究,拍摄若干商业摄影图,以摄影产品为素材进行电商物料设计,品牌输出,最终推动小呦品牌产品的营销。

本项目对小呦暖风机的图片及详情页进行新的电商产品拍摄,制作出更符合产品需求的图片及视频,加强视觉语言效果,通过视觉呈现,吸引消费者目光,引起买家共鸣。同时,通过建立新的产品详情页,减少详情页的跳失率,有助于提高转化率。

学生能够通过本项目认识到专业知识理论是实际产品设计运用的基础,但是不能照搬使用。在实际的项目操作中,设计不能脱离现实,需要在既定条件下,符合甲方要求。

例3:义乌千喜塑业有限公司"收纳产品"系列设计项目

本项目结合企业需求、新时代人们的家庭生活习惯及需求、装修风格、流行趋势等,通过策划、创意与设计,制作一套用于日常家庭生活的收纳类产品。例如,厨房用品筷子笼要求多功能,可放各种刀具,挂抹布,收纳筷子、削皮刀等;或是可折叠置物架、可折叠收纳鞋架等。本次实训需要产出3套设计方案及说明展板、宣传海报、宣传册(三折页)。

学生能够通过收纳产品设计丰富自身实践设计经验,可以更好地把控产品设计的细节流程,为今后的工作做好准备。

4.服装设计专业方向

服装设计根据地方乃至全国对服装与服饰设计的市场需求,面向服装、服饰企事业单位,在企事业单位承担、从事服装产品的设计开发、服装的品牌企划和服装营销管理等相关工作。

例1:雅鹿品牌女装直播项目

根据品牌方的需求,在相应的时间和直播间进行女装产品直播,并在最后形成一个流程管理方案和总结回顾。通过完成每日直播任务,完成此次一品优选有限公司品牌方要求的宣传任务。每位小组成员都能够从中获得相关经验和锻炼。

本项目能够让学生接触到在学校从未涉足的专业知识和专业领域,培养学生动手操作、语言表达、沟通交流、团结协作等方面的能力。沟通能力的培养尤其重要。团队自身要想高效率地运作,在很大程度上依赖于团队内部成员的交流与沟通。学生团队在实训过程中能够注重沟通与交流,每个人都可以提出意见与看法,通过协作共同解决问题。

例2:传统染色方法"扎染技艺"的传承与推广项目

本项目以传统染色方法"扎染技艺"为主,进行服装、服饰等纺织品创新设计与推广,突出传统文化、环保理念。扎染是一种传统且独具特色的手工染色技艺。作为国家级非物质文化遗产,扎染工艺历史悠久,且深深植根于民间。本项目要求结合新时代的流行趋势和图案,设计一组扎染服饰。

扎染的每一种纹样都不相同,每块布料扎染后都是独一无二的,每一件扎染服饰都是独特的艺术品。这种艺术效果,是机器印染工艺难以达到的,值得好好地传承下去。

例3:启世录旗下女装就异是品牌内容升级与产品设计项目

启世录旗下女装就异是品牌需要内容升级与产品设计。项目根据甲方需求,参与完成2023年就异是女装企划及产品开发任务。针对就异是女装品牌的对标品牌进行品牌调研工作,了解这些对标品牌当季新品所运用的设计元素、设计细节、服装工艺等,进行总结分析,从中提取出有价值的设计方向。

本项目以真实的公司项目形式,发挥学生小组的专业知识,开展专业技能的运用。学生能够接触到真实的服装开发与设计过程的流程,在社会工作中发挥自己的专业特长,从而锻炼专业能力,了解企业的发展现状,更有助于今后的毕业发展选择。经历社会工作背景下的半真实职场环境,体验来自企业的领导和团队配合,有助于今后的个人职业规划。

第三节 艺术设计类岗位设置

艺术设计类岗位设置与设计类专业方向的选定有所区别,下面按照视觉传达设计、环境设计、产品设计以及服装设计4个设计类专业方向的岗位设置进行讲解。

一、视觉传达设计专业方向岗位设置

视觉传达设计专业方向岗位包含负责平面设计、广告设计、包装设计等相关工作的平面设计师;负责网站、App等界面设计的UI设计师;负责影视、动画等视觉效果设计的视觉设计师;负责手绘或数码绘制插画的插画师;负责拍摄产品照片、广告照片、人像照片等的摄影师;等等。以下为一些实训项目中的岗位设置。

1.项目主管

项目主管的任务是根据项目甲方的要求设定实训项目的框架,明确项目的整体目标,协调小组成员之间的工作,与项目甲方保持联络沟通,掌握时间节点,保证项目按时按质完成。岗位设置情况参见表6-1。

表6-1 "面院士男士洗脸吧"品牌宣传推广岗位设置情况表

岗位	人数	专业及要求	任务
项目主管	1名	产品	主要负责项目的整体协调,把控项目进度,协调团队人员
UI设计师	2名	视传	参与品牌logo设计,完成视觉识别系统手册
周边产品设计师	2名	产品	参与品牌logo设计,完成相关衍生产品设计
项目营销及策划	2名	广告	营销方案制订

2.视觉设计师

视觉设计师的任务是根据项目要求设计视觉表现,包括营销策划方案的美化、IP形象的设计、文创产品的包装设计等。岗位设置情况参见表6-2。

表 6-2　海宁公安局反诈宣传及 IP 应用设计岗位设置情况表

岗位	人数	专业及要求	任务
项目主管	1 名	视传	负责 IP 应用相关文创产品的开发
视觉设计师	2 名	视传	海报设计和 IP 表情包等衍生品设计
文创产品设计师	1 名	产品	IP 应用相关文创产品建模
视频剪辑专员	2 名	广告	拍摄剪辑视频和推广

3.策划推广专员

策划推广专员的任务是与小组成员一起根据品牌及产品的特点和市场需求环境来制订营销策划方案，设计营销活动，完善营销方案，并将营销方案提交给项目主管。岗位设置情况参见表 6-3。

表 6-3　浙艺金鹄电影节视觉形象设计岗位设置情况表

岗位	人数	专业及要求	任务
项目主管	1 名	视传	主要负责项目的整体协调，把控项目进度，协调团队人员
视觉设计师	2 名	视传	视觉形象设计
策划推广专员	1 名	广告	项目策划与营销推广
文案编辑	1 名	中文	项目文案编辑

二、环境设计专业方向岗位设置

环境设计专业方向岗位包含负责园林规划设计、园林植物配置与造景设计、园林工程施工的景观设计师；负责建筑外观设计的建筑设计师；负责室内外装饰设计、家装设计的室内设计师；负责商业工装设计的工装设计师；负责室内软装陈设艺术搭配的软装设计师；专门负责 CAD 图纸绘制、施工图优化的绘图师；等等。以下为实训项目中的岗位设置。

1.项目主管

项目主管的任务是根据项目甲方的要求设定实训项目的框架，明确项目的整体目标，协调小组成员之间的工作，与项目甲方保持联络沟通，掌握时间节点，保证项目按时按质完成。岗位设置情况参见表 6-4。

表 6-4 杭州叁拾贸易有限公司居家工作室室内设计岗位设置情况表

岗位	人数	专业及要求	任务
项目主管	1名	环境	主要负责项目的整体协调,项目的设计实施及项目的进度把控,协调团队人员等
绘图员	2名	环境	主要负责CAD图纸绘制、模型制作及效果图渲染
美工师	2名	视传	主要负责成果展板的排版、海报制作及文本策划宣传
文案编辑	1名	中文	主要负责会议记录、文案编辑及收集资料

2.景观设计师

景观设计师的任务是根据项目的设计要求规划整体景观,包括景观节点设计、道路规划、植物搭配选择及景观小品设施的设计等。岗位设置情况参见表 6-5。

表 6-5 绿城华安·桂语滨湖二期景观规划设计岗位设置情况表

岗位	人数	专业及要求	任务
项目主管	1名	环境	主要负责项目的整体协调,项目的设计实施及项目的进度把控,协调团队人员等
景观设计师	3名	环境	主要负责具体的设计项目实施,包括施工图设计、效果图制作及具体的内容设计相关环节
美工	1名	视传	主要负责具体的设计项目内容制作及最终的形象设计展示,包括宣传展板、宣传文本等
文案策划	1名	中文	主要负责项目的文案工作,如记录每一次会议的内容,撰写相关新闻稿,配合设计研发部人员撰写设计说明等

3.室内设计师

室内设计师的任务是根据项目的场地设计要求对室内空间进行测绘,并且对室内的功能分区进行设计划分,进而设计室内的硬装和软装,制作房屋模型和效果图供甲方参考。岗位设置情况参见表 6-6。

表6-6 "橘子观光工场"改造项目岗位设置情况表

岗位	人数	专业及要求	任务
项目主管	1名	环境	主要负责项目的整体协调,项目的设计实施及项目的进度把控,协调团队人员等
室内设计师	2名	环境	项目实地照片拍摄、建筑外立面设计、室内空间模型设计
绘图员	1名	环境	绘制相关图纸、制作空间模型
美工	1名	视传	logo及导视系统设计

三、产品设计专业方向岗位设置

产品设计专业方向岗位包含负责设计产品的外观和结构的工业设计师;负责研究用户需求和行为,并根据信息设计产品的界面和交互的用户体验设计师;负责产品的包装、宣传册、广告等平面设计的产品视觉设计师;等等。以下为实训项目中的岗位设置。

1.项目主管

项目主管的任务是根据项目甲方的要求设定实训项目的框架,明确项目的整体目标,协调小组成员之间的工作,与项目甲方保持联络沟通,掌握时间节点,保证项目按时按质完成。岗位设置情况参见表6-7。

表6-7 西泠印社倚石苑文创产品设计项目岗位设置情况表

岗位	人数	专业及要求	任务
项目主管	1名	广告	主要负责项目的整体协调,把控项目进度,协调团队人员,以及梳理西泠印社文化脉络
文创设计师	3名	产品	文创产品设计
平面设计师	1名	视传	平面视觉设计

2.产品设计师

产品设计师的任务是根据甲方的要求、产品的特点以及市场消费人群的情况,开展大量前期工作,并融会贯通,设计与甲方要求相符合的产品模型,完成产品效果图的渲染。岗位设置情况参见表6-8。

表6-8　义乌千喜塑业有限公司"收纳产品"系列设计岗位设置情况表

岗位	人数	专业及要求	任务
项目主管	1名	产品	主要负责项目的整体协调，把控项目进度，协调团队人员
产品设计师	2名	产品	人群调研，产品建模，渲染
平面设计师	2名	视传	平面排版工作
文案编辑	1名	中文	内容编辑，调研总结

3.产品摄影师

产品摄影师的任务是与小组成员一起根据产品特点和市场环境确定产品拍摄场景风格和基调，拍摄出符合产品和市场定位的宣传照片效果，并积极和后期人员进行沟通协调，从而使作品能够表达出产品特色。岗位设置情况参见表6-9。

表6-9　小呦暖风机商业摄影及电商设计项目岗位设置情况表

岗位	人数	专业及要求	任务
项目主管	1名	产品	主要负责项目的整体协调，把控项目进度，协调团队人员
产品摄影师	2名	产品	主要负责产品宣传照拍摄
文案编辑	1名	中文	主要负责产品详情页的文案策划、编辑
宣传推广专员	1名	广告	主要负责产品的推广视频拍摄、剪辑
网页美工师	1名	视传	主要负责产品详情页的视觉设计、排版

四、服装设计专业方向岗位设置

服装设计专业方向岗位包含负责设计季节、系列服装成衣的服装设计师；负责服装造型个性化搭配的服装搭配师；负责服装陈列、展陈的服装陈列营销师；负责编写服装搭配、穿搭推荐的时尚杂志编辑；等等。以下为实训项目中的岗位设置。

1.项目主管

项目主管的任务是根据项目甲方的要求设定实训项目的框架，明确项目的整体目标，协调小组成员之间的工作，与项目甲方保持联络沟通，掌握时间节点，保证项目按时按质完成。岗位设置情况参见表6-10。

表6-10　雅鹿品牌女装直播岗位设置情况表

岗位	人数	专业及要求	任务
项目主管	1名	服装	主要负责项目的整体协调,把控项目进度,协调团队人员
策划专员	1名	广告	策划直播玩法
主播	1名	服装	主播工作
助播	2名	广告	文案编辑工作,助播工作
中控	1名	中文	中控,拍摄记录

2.服装设计师

服装设计师的任务是根据项目甲方的要求和服饰主题风格特征,完成服装的基本版型设计、饰品制作和颜色纹样的设计等,与项目甲方保持联络沟通,掌握时间节点,保证项目按时按质完成。岗位设置情况参见表6-11。

表6-11　传统染色方法"扎染技艺"的传承与推广岗位设置情况表

岗位	人数	专业及要求	任务
项目主管	1名	服装	主要负责项目的整体协调,把控项目进度,协调团队人员
服装设计师	1名	服装	服装制作、饰品制作,部分资料撰写
扎染师	2名	环境、产品	图案扎染工作
宣传剪辑专员	1名	广告	视频剪辑海报,宣传页制作

3.营销策划专员

营销策划专员的任务是与小组成员一起根据系列服装的风格特点和市场环境制订营销方案,策划营销活动,不断测试营销效果,完善营销方案,并将营销方案提交给实训小组组长。岗位设置情况参见表6-12。

表6-12　启世录旗下女装就异是品牌内容升级与产品设计岗位设置情况表

岗位	人数	专业及要求	任务
项目主管	1名	服装	主要负责项目的整体协调,把控项目进度,协调团队人员
服装设计师	3名	服装	绘制草图、完成效果图
营销策划专员	1名	广告	编写企业策划书,制订营销方案

通过以上实训项目岗位设置情况可以发现，艺术设计类项目的专业区别较大且综合性非常强。综合专业实训艺术设计类的岗位设置情况，可以归纳为以下几点内容。

1. 岗位的专业要求较高

每个岗位都需要较强的专业知识和积累。比如，平面设计岗位多由视觉传达专业的学生担任；环境设计岗位，如室内设计项目，则多由环境设计专业偏室内设计方向的学生担任；产品设计岗位，则需要产品设计专业的学生进行产品建模和渲染；服装设计岗位，更多的是需要服装设计的学生进行服装设计和服装制作。岗位设置的专业匹配度较高，不同职责、岗位上的学生需要积极配合，才能够顺利完成设计项目。

2. 岗位工作任务较明确

每个岗位都有明确的任务，例如，在"杭州叁拾贸易有限公司居家工作室室内设计"项目中，学生小组需要走进甲方的生活，倾听甲方的需求。组长主要负责项目的整体协调、把控项目进度和协调团队人员。环境设计专业的学生致力于输出平面布置图、空间效果图，视觉传达设计组的学生则为队友输出视觉设计、展板排版和完成海报设计等工作，文学组的学生则是积极为本次项目的主题方案提供文案以及创作思路。

3. 岗位工作联系密切

艺术设计类项目综合性很强，岗位上的每个学生都必须时刻与其他岗位上的学生交流和沟通进度。在设计项目的过程中，每个环节和设计细节都需要与队友并肩作战，共同推敲。队友相互之间交流想法和心得，能够激发全队更多的设计灵感。

总的来说，艺术设计类岗位根据专业的不同侧重点，会有不同的岗位需求。正在高校学习专业课的学生可以根据自身的兴趣取向，选择最适合的学习方向，为未来就业打好坚实的技能基础。

第四节 注意事项和关键环节

在宏观层面，艺术设计类专业在选择工作时需要注意的事项包括：明确意向公司的大致范围和方向，有针对性地准备对口简历和作品集；简历和作品集需要突出自己的优势和竞争力;充分做好未来职业规划,不断扩充自身的专业知识储备;养成时刻学习的习惯,参观与专业相关的设计展、艺术展,关注最前沿的设计资讯,开阔视野。

在微观层面,按照视觉传达设计、环境设计、产品设计以及服装设计4个设计类专业方向进行说明。

1. 视觉传达设计专业

视觉传达设计专业相关岗位是为现代商业服务的艺术,它起着沟通"企业—商品—消费者"的作用。视觉传达设计主要以文字、图形、色彩为基本要素进行艺术创作,在精神文化领域以其独特的艺术魅力影响着人们的感情和观念。因此,在相关设计环节,需要设计师更多地运用跨界思维和多元创新思考,积极尝试,掌握通过视觉创意来解决问题的真正能力。

2. 环境设计专业

环境设计专业相关岗位要求设计师具有创新设计的基本素质和综合职业能力。例如面向园林、建筑和房地产开发企业,需要设计师具备园林规划设计、园林植物配置与造景设计、园林工程施工、室内外装饰设计、空间设计等方面的能力。面向家装、工装和软装设计公司,需要设计师具备协助业务员接待客户并签订设计订单;上门调研测绘,与客户沟通;按设计规范出图;陪同客户选购材料;提供相应的软装搭配方案指导等能力。

3. 产品设计专业

产品设计专业相关岗位按照手工艺制作和现代产品设计两个方向提出不同要求。手工艺制作方向的工作需要锻炼自身的手艺、技艺,提升自身的品位、审美,并要求手艺者具备市场观,对作品的预估有一定的判断力。现代产品设计方向的工作则要求设计师精通相关设计软件,掌握效果图渲染技术,并且需要熟悉项目产品的生产流程,掌握流程和工艺,具备敏锐的行业观察能力和创新能力。

4. 服装设计专业

服装设计专业相关岗位需要设计师掌握服装设计的理论和技能,能够独立完成服装的设计和制作;掌握服饰搭配和陈列技巧,能够根据不同的场合和需求进行搭配和陈列;掌握最新流行趋势,能够运用时尚潮流元素,进行时尚宣传品的编辑和设计。

下篇　案例分析与应用

第七章　实训项目案例分析

第一节　文化宣传类项目实训

一、《海宁市长安镇五年大发展成果画册》编撰项目

1. 项目简介

浙江省海宁市长安镇位于钱塘江北岸、海宁市西部,北邻桐乡市,西南与杭州市临平区接壤,总面积91.9平方千米。长安镇设有省级农业对外综合开发区,省级高新技术特色产业基地。在2018年度全国综合实力千强镇排行榜中,长安镇列第78位。2019年,长安镇入选2019年度全国综合实力千强镇前100名。

本项目受长安镇党委委托,主要任务是制作《海宁市长安镇五年大发展成果画册》。根据委托方要求,画册要展示长安镇从2017年以来在政治、经济、社会、民生以及生态等五方面的发展成果。在实训过程中,需要拍摄120~150张照片,并赋予相关文字介绍,通过这些照片和文字展示长安镇五年来的发展成就,最后编排制作成册,用于长安镇的宣传。

该项目计划由3组学生合作完成,每组学生负责其中一部分,最后合编为《海宁市长安镇五年大发展成果画册》。

2. 实施过程

在实训的整个实施过程中,前期工作的重点是准备,包括组建项目团队、确定人员分工、制订实施方案、收集材料等;中期工作的重点是在前期工作的基础上完成部分成果,并准备中期汇报,报告项目的进展情况;后期工作主要是完成项目、布置展位、撰写总结等。三个阶段的具体情况介绍如下。

(1)实训前期。完成实训团队的组建,确定实训项目;联系导师;导师下达任务并进行总体部署,团队在明确实训任务后初步拟定实训计划,完成并提交了实训项目申报书。

实训团队对长安镇政府工作报告进行阅读和梳理,并与镇政府进行深入交流,明确画册风格、制作重点、主要色调等具体内容,确定文创作品的种类和样式,为之后的工作展开做准备。

(2)实训中期。根据分工,各专业对实训任务进行落实。广告专业成员主要负责完成实地成果探查以及拍摄,中文专业成员主要负责资料收集、梳理及文字撰写,视传专业成员主要负责大画册等的设计及制作。团队成员之间相互取长补短,团结合作。

实训中期的一项重要工作是实训中期汇报。在中期汇报的准备过程中,团队成员既有分工也有合作:中文专业的学生负责完成 PPT 制作,视传专业的学生负责完成预排版。中期汇报进展较为顺利,效果良好,得到了导师的肯定,也增强了学生完成任务的信心,为下一步工作的开展奠定了基础。

(3)实训后期。实训后期的工作主要是完成文创产品的制作、讨论、撰写总结等,并与导师进行交流,把导师的反馈意见落实到二次修改的过程中,完成策划书并上交最后的实训成果,力争高质量地完成任务。项目海报参见图 7-1。

图 7-1　项目海报

3. 成果展示

《海宁市长安镇五年大发展成果画册》编撰实训项目的主要成果是一本完整的大画册以及一些周边文创产品。除去这些可见的成果，本次实训给学生带来最大的收获是个人能力的提升以及团队配合能力的提升。

(1)《海宁市长安镇五年大发展成果画册》。因本项目由 3 组学生共同完成，每组负责画册的一部分，展示过程中，每组学生展示其中的相应部分。画册封面参见图 7-2。

图 7-2　画册封面

《海宁市长安镇五年大发展成果画册》1　　《海宁市长安镇五年大发展成果画册》2

(2)文创产品。本项目主要成果还包括相关文创产品，如有长安元素的三折页(见图 7-3)、书签(见图 7-4)、贴纸(见图 7-5)、纸杯及明信片(见图 7-6)等。

图 7-3 三折页

图 7-4 书签

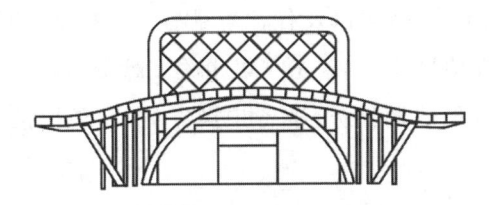

图 7-5　贴纸

图 7-6　纸杯、明信片

二、长安宴球视频拍摄项目

1. 项目简介

长安宴球是浙江省海宁市长安镇传统的地方名菜,鱼肉细嫩、味道鲜美、口感极佳、营养丰富,是给宾客的一道见面礼。宴球是圆的,蕴含了大团圆的含意。长安宴球可分为落汤宴球和刺毛宴球两种。长安宴球是一道美味佳肴,长安镇人一提起长安宴球大都会以一种自豪的口吻向你滔滔不绝地介绍:宴球是长安的一道名菜,写进《长安镇志》的。

探究海宁市非物质文化遗产中的一种特殊存在——宴球,以与以往不同的别样风格的视频展示宴球的生产流程,并根据宴球的文化寓意以及当代人的喜好重新设计一系列产品周边。

2. 实施过程

整个实训过程大致也可分为三个阶段。

(1)实训前期。第一,做好组织动员工作。组长通过微信、QQ等通信方式初步组建团队,方便组员之间的线上交流。第二,确定项目主题。根据导师给的选题,有针对性地进行讨论并得出拍摄方向——海宁当地的特色美食,再进行实地走访、品尝以及各种考量后确定拍摄主题为宴球。第三,做好前期准备。在项目开始前,先收集相关文献资料,充分了解宴球后,完善项目申报书。分配前期任务,准备拍摄器材,购买拍摄所需刀具、碗、砧板、刮鳞刀等。

(2)实训中期。实训中期的首要任务是视频的拍摄。在充分了解宴球的制作流程后,小组成员围绕视频的拍摄流程、拍摄风格、拍摄场地等方面进行讨论。以上几个方面确定后,先进行"预拍摄",即先根据脚本尝试拍一段视频,若是切实可行,且效果达到预期,就按照既定脚本进行拍摄。若是遇到难以克服的问题,就与导师沟通,寻求导师的帮助。其间,团队的其他成员协助拍摄成员进行拍摄工作。

为了按时完成实训任务,需要尽快确立项目logo的设计方案,包装设计也需要同步跟进。logo和包装设计这两项工作完成后,海报、明信片、宣传页等相关事项也依序开始进行。

为了团队成员间更好地沟通、交流,更好地完成实训任务,每周召开两次会议,以会议纪要的形式汇报工作进程,反映相关问题并讨论解决方案,安排下一步的相关工作。

(3)实训后期。第一,做好实训项目的收尾工作,如对视频进行后期精加工、将已经定稿的周边做成成品、完成此次实训的总结报告等。第二,做好此次实训成果的展示工作。在成果展示之前,要安排好布展的相关事项,如展台设计(见图7-7)、参展人员安排等。

"长安宴球"实训中期报告

图 7-7　展台设计

实训后期最主要的就是做好实训成果展示。在实训展上展示小组的宣传视频、宣传页、明信片、书签、小卡片等项目成果，让更多的人关注并了解小组在此次综合专业实训中取得的成果。

3. 成果展示

对海宁特产长安宴球的制作手法进行视频拍摄，制作视频"长安宴球"，以此宣传长安宴球。展出过程中提供如下内容：

(1) 视频"长安宴球"（见图 7-8）；

(2) 海报和宣传册；

(3) 文创产品，如书签、明信片、小镜子等；

(4) 其他，如两份宴球的全新包装。

"长安宴球"

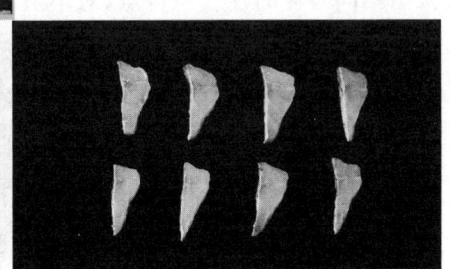

图 7-8　视频截选

三、鄣吴·竹与诗——安吉竹文化体验宣传项目

1. 项目简介

安吉地处浙北山区，竹资源丰富，为首批"全国十大竹乡"。安吉的竹文化底蕴深厚，经营竹子历史悠久。在距今 4700 多年前新石器时期钱山漾遗址，已发现湖州境内先民生产和使用过的各种竹类用具。本项目基于 2018 级中文系学生关于安吉鄣吴的暑期采风成果，进行整合与设计后形成一本完整文集，以宣传安吉文化。

本团队名为"长安七美"，由 2 名中文、2 名广告、2 名视觉传达设计和 1 名服装设计专业的学生跨专业组成。在组队时，团队负责人充分考虑分工问题来挑选成员。组队后分为"文学编辑组""视传排版组"和"宣传设计组"，各司其职，使团队工作能够有条不紊地进行。职责清晰、分工明确，使团队事事有人做，人人有事做，顺利完成了实训项目的每一项任务。文学编辑组负责所有文案工作，校对文章，共计 8 万字；撰写文集相关文案及查找版面所需资料；编写实训总结、会议纪要及所有报告书。视传排版组负责所有排版工作，设计书籍风格；使用 InDesign(ID) 软件对已校对的文章和处理过的图片进行排版。宣传设计组负责所有宣传工作，美化图片；设计展出海报及文创产品，如书签、杯垫、明信片等；设计本次实训的宣传册，为布展做好相关准备。

2. 实施过程

（1）实训前期。第一，完成团队组建以及项目确定工作。根据团队组建要求以及个人对项目的意愿等方面，完成团队组建并根据团队成员的意愿与项目相关导师进行沟通交流，确定团队项目。第二，确定小组成员分工。根据不同专业的性质与特点，对小组 7 位成员进行任务分配，分为文学编辑组、视传排版组、宣传设计组，此后全方位执行项目的工作任务。

（2）实训中期。第一，做好文案工作。文学编辑组根据相关资料，完成文章的校对及删改，并在导师的指导下，完成封面文字、序及卷首语的撰写。第二，做好排版工作。视传排版组根据文章内容，设计封面封底及内页风格。使用 ID 软件对已校对的文章和已处理的图片进行排版，形成文集初稿。第三，做好宣传工作。宣传设计组根据鄣吴特色，确定展出海报的风格，并以书法字和手绘图案为元素设计文创产品，如扇子、书签和杯垫等。

（3）实训后期。第一，报告书以及会议纪要的撰写。基于对前期工作的

了解,文学编辑组完成实训申报书、实施方案等报告书的撰写,对每次会议进行记录。第二,文集、文创产品的制作。文集定稿后,由导师进行文集的制作工作。经小组讨论后,确定文创产品数量,由宣传设计组进行制作工作。第三,实训手册的设计与制作工作。文学编辑组进行资料整理,然后由宣传设计组进行设计,并制作成册。

3. 成果展示

(1)编写文集。基于采风成果,进行前期文章校对、文字编辑、资料查找、图片美化等工作,后期应用 ID 软件进行排版,形成一本完整的文集(见图 7-9)。

图 7-9　文集封面

(2)制作海报(见图 7-10)。郭吴的特色产业制扇与小镇紧密联系在一起,海报采用扇子打开的形式展现。有公众号曾介绍说:"郭吴如世外桃源,历史上古树参天,遮云蔽日,被誉为'半日村',也被称为'归仁里'。"因此,在海报中也放入了"归仁里"三字及其代表景点归仁里老街。说到郭吴的历史文化必然离不开大师吴昌硕,因此,在海报中也加入了他的字画作品。最后再以红色结带以及线条进行点缀。

(3)制作相关文创产品。制扇业是郭吴的特色产业,对郭吴来说具有重要意义。由此制作具有郭吴特色的扇子两把,一把手写"郭吴"字样(见图

图 7-10　海报

7-11),另一把题写了一首小组成员自己创作的诗(见图7-12)。

图 7-11　手写"鄞吴"字样的扇子

图 7-12　题有自创小诗的扇子

杯垫（见图 7-13）、书签（见图 7-14）、明信片（见图 7-15）为一个系列的文

图 7-13　杯垫

创产品,运用郭吴的特色元素——竹子、扇子、归仁里、八月炸来设计,产品的主基调是一种复古的风格,与郭吴这个有着深厚文化底蕴的小镇相呼应。

图 7-14　书签

图 7-15　明信片

"郭吴·竹与诗——安吉竹文化
体验宣传"实训手册

"郭吴·竹与诗——安吉竹文化
体验宣传"文集

第二节　商业推广类项目实训

一、顺联动力 & 娃哈哈益生菌新品新媒体全案推广项目

1. 项目简介

浙江顺联网络科技有限公司始创于 2004 年,是浙江省商务厅首批认定的电商服务企业,2015 年 10 月,公司旗下私域电商平台"顺联动力"正式上线运营。凭借高品质服务和高性价比产品带来的好口碑,顺联动力深受下沉市场用户青睐。平台相继入选浙商全国 500 强、浙江数字贸易百强榜、浙江省十佳电商新锐企业等优秀榜单,并连续两年成为"浙江省重点培育电商平台"。

本项目要求对顺联动力 & 娃哈哈益生菌新品产品进行产品定位、互联网全平台的营销推广,塑造顺联网络品牌价值,对产品功效案例进行打造,进行品牌输出。

CCTV2 报道浙江顺联网络科技有限公司

具体任务包括:

(1)益生菌新品新媒体全案推广策划案;

(2)益生菌新品自媒体账号 logo、头像、封面设计,不限于抖音、小红书、B 站等平台;

(3)益生菌新品图文内容编辑、短视频拍摄剪辑与发布。

2. 实施过程

(1)实训前期。通过学生自由组队、项目导师择优,成立了两个项目实训小组。组队完成后,学生前往甲方公司进行了第一次项目会议。甲方介绍了顺联动力的基本情况,以及该公司和娃哈哈合作的"向鲜"品牌益生菌产品的卖点。

学生在会议后进行了分工,对"向鲜"益生菌产品的宣传进行了初步的构想。公司给学生寄去了样品,学生开始进一步了解产品。

(2)实训中期。按照第一阶段的计划,学生逐步开展项目的实施。

学生根据当下市场情况分析,对益生菌产品的用户群体进行定位,绘制用户画像,找到适合进行宣传推广的新媒体平台,搜索相关产品的推广文

章,进行借鉴分析。根据分析结果确定项目目标并进行产品定位。接着,进入产品试用阶段,撰写产品介绍,详细介绍产品的类型、特性、功效等信息。然后,开展宣传工作,主要在小红书等平台上进行图文和视频宣传。以素人号的方式为产品引流,吸引潜在消费人群。

在中期汇报中,学生通过总结前期运营取得的成果和需要完善的经验,向实训评委老师进行汇报,听取导师以外的评委老师对项目的评价,以推动项目进展。评委老师对项目运营提出了一些改进建议,同时希望能有1份宣传海报来展示项目成果。针对评委老师的建议,参训学生完善了项目的内容,确定了项目的后期走向。

中期汇报是对实训项目的一次总结,也为后期实训项目的开展奠定了基本方向。

(3)实训后期。学生通过小红书和抖音账号持续发布内容,并对整体传播方案进行复盘和整理。为了更好地展示实训成果,学生又同步开展了宣传海报和展示手册的制作。学生通过对宣传方案的整体把握,确定了宣传海报和展示手册的内容,充分发挥各自所学,全面展示实训内容,巧妙构思成果的展现方法。

3.成果展示

本项目成果形式为《顺联动力 & 娃哈哈益生菌新品宣传推广策划案》,以及一系列文创产品。在展示过程中,主要展出以下几方面的内容(见图7-16、图7-17)。

《顺联动力 & 娃哈哈益生菌新品宣传推广策划案》

图7-16 "顺联动力 & 娃哈哈益生菌新品新媒体全案推广项目"实训成果展出1

(1)《顺联动力 & 娃哈哈益生菌新品宣传推广策划案》。该策划案以市场分析、产品定位、用户画像、新媒体推广策略计划、宣传物料（视频、图片、海报、文案）等为主要内容。

(2)文创产品。展台中展示了相关文创产品，有立牌、钥匙扣、纸杯等。

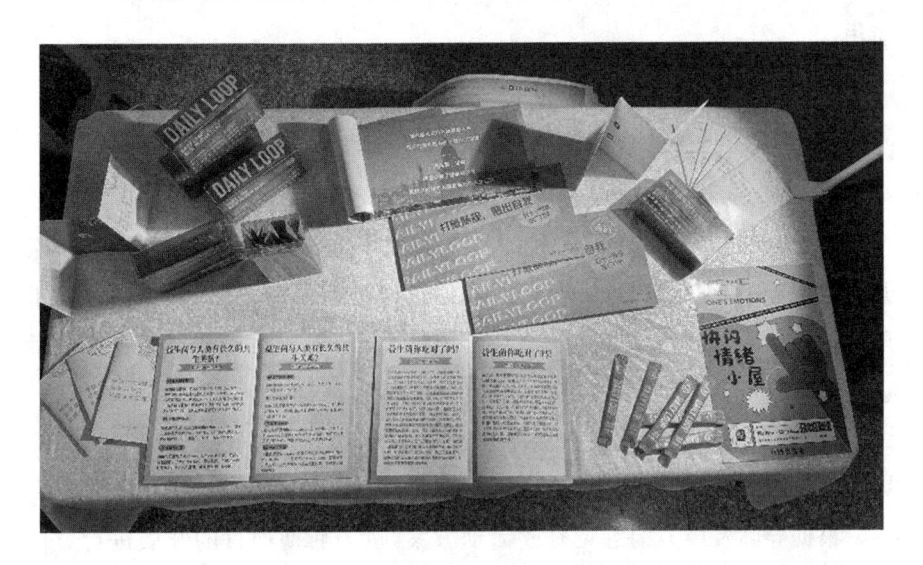

图7-17 "顺联动力 & 娃哈哈益生菌新品新媒体全案推广项目"实训成果展出2

二、2020年"在杭州"微信公众号宣传推广方案策划项目

1. 项目简介

"在杭州"是杭州旅游官方微信，提供杭州通·旅游消费卡使用全攻略，是杭州的"吃、住、行、游、购、娱"全指南。基于杭州城市大脑文旅系统监测数据，面向游客和市民提供杭州文化旅游行业活动资讯、商户优惠信息、实时客流查询等服务内容，并以微信小程序形式开发电子杂志，公布优质商户榜单，依托"在杭州"官方微信号进行粉丝互动，增加粉丝黏性。

(1)"在杭州"微信公众号。一是策划互动活动。配合杭州市文化和旅游发展中心的文旅主题，根据需要开展线上线下相结合的主题推广活动，开发互动小游戏，增加粉丝黏性。

"在杭州"微信公众号二维码

二是挖掘数据应用。根据杭州市旅游经济实验室消费数据采集及监测结果，及时进行微信后台的调整及开发，针对杭州城市大脑文旅系统提供面向市民游客服务的应用场景。

（2）"在杭州"电子杂志。基于杭州城市大脑文旅系统的监测数据，开发微信小程序，以电子杂志的形式，每季独家发布杭州文旅消费榜单。

一是公布杭州文旅企业当季消费热点，以数据支撑的榜单形式推介当季文化旅游行业的重点企业信息来引导消费，以实现数据挖掘成果的应用。

二是发掘与杭州文化旅游行业相关的优质品牌企业、特色文旅场馆及线路、重要节庆活动，做好线上活动策划与推广，进行消费引导。

2. 实施过程

（1）实训前期。小组组队完成，与导师及甲方联系，了解项目要求，小组开会确定分工，进行项目的调研分析；通过对公众号的调研，开始项目要求里第二板块的活动内容策划，为"在杭州"公众号未来两年策划8个特色活动；设计提出新公众号名字以及新公众号logo。

（2）实训中期。修改完善活动策划，组织组员开会讨论展览方式以及后期的工作内容，与导师联系，确定展览方式，定制项目展出周边。

根据导师及甲方的意见修改活动方案，也为后期项目的开展进行方向调整。

（3）实训后期。由两位设计专业的学生进行宣传册、台历、展架海报的设计，与导师联系，根据导师的意见对宣传册、台历、海报的内容及排版设计进行完善修改，修改后联系商家进行印刷。

根据导师的意见最终确定宣传册分为三本来呈现，每个板块分别设计1份宣传卡片，并与设计的学生确定宣传册的尺寸为A5，宣传卡片的尺寸为A6。完成易拉宝展架画面设计，并与商家联系对接，确定海报的印刷要求。填写所要上交的表格、总结等文件内容，完成布展、值班人员安排等工作。

3. 实训成果展示

《"在杭州"活动方案宣传册》

本项目成果形式为《"在杭州"活动方案宣传册》1份（见图7-18），在展示过程中，主要展出以下几方面的内容：(1)《"在杭州"活动方案宣传册》，结合"在杭州"12个月不同的活动内容以及活动策划等为主要内容；(2)明信片、台历、展架、海报等相关文创产品和设计图。

图 7-18 《"在杭州"活动方案宣传册》

三、壹木漾产品定位及市场宣传推广项目

1. 项目介绍

北京壹木漾科技有限公司成立于 2020 年,以护肤科技产品研发与销售为主要业务。

2020 年,壹木漾 ImmerJung(IJ)首批产品成功上市,包括三款产品:金缕梅修护补水面膜、光果甘草精华液、水合动力霜。

甲方要求实训小组将壹木漾 ImmerJung(IJ)的水合动力霜作为主要推广产品。实训小组需要帮助品牌方寻找产品卖点,明确客户群体,实现营销转化,完成甲方销售目标:(1)需要根据该产品的特性、市场调研情况设计营销推广方案,设置营销节点,制作营销策划案;(2)甲方要求针对水合动力霜,通过短视频(抖音、快手、视频号等)进行有效传播,同时要求短视频拍摄结合当代网民的喜好,符合产品定位,并有一定新意;(3)甲方要求针对水合动力霜,通过微博、小红书等各种图文媒介渠道进行营销软文的写作和投放。

2. 实施过程

(1)实训前期。项目组根据品牌方给出的项目要求,针对水合动力霜迅速对小组成员进行分工安排,确认项目主管,并分为 3 个小组,分别负责项目视频脚本、剪辑,参演模特,策划排版及营销文案的撰写等。

项目组对化妆品市场进行线上调研,通过微博、小红书、淘宝等平台针对性分析,根据品牌的市场情况及对目标受众的影响,结合当下网络热点,研讨出了 6 个短视频脚本。通过市场定位与 SWOT 分析、社交平台的宣传文案等前期准备,在导师与项目组品牌方的审核下确定短视频脚本并进行修改与拍摄。同时,对脚本中涉及的视频拍摄现场进行踩点、前期拍摄准备、拍摄效果初体验等活动(见图 7-19)。

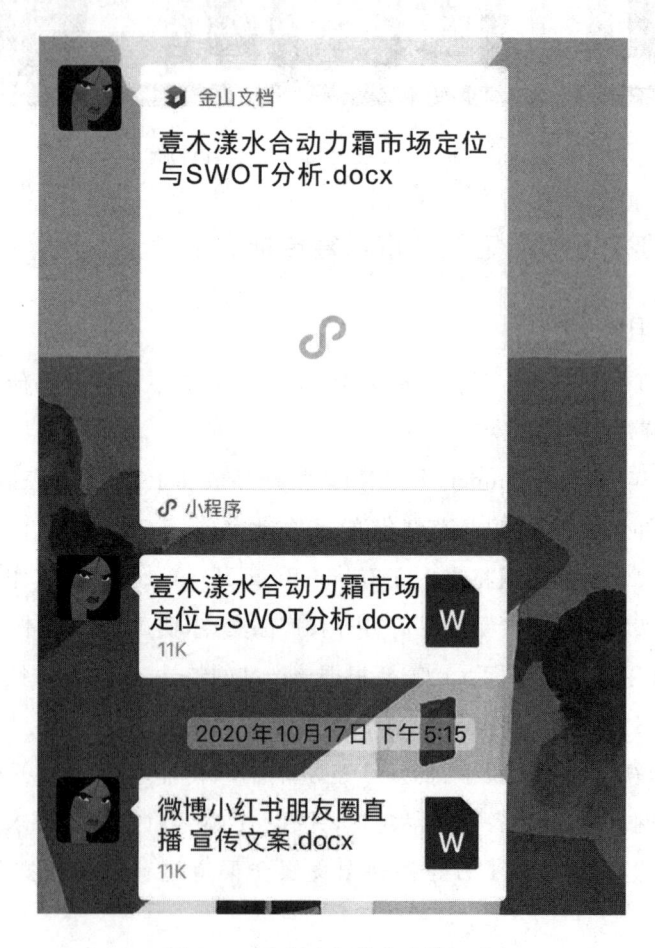

图 7-19　实训小组微信会议记录

(2)实训中期。在进行现场协调和拍摄环境确认后,项目组对初期的短视频进行拍摄,并完成后期的剪辑和素材准备。短视频剪辑完成后,项目组对目前的视频拍摄效果并不是很满意,在组长与组内人员的商讨下,决定进行第二次视频创作。组内成员再次担任模特,完成了新视频镜头的补拍。

(3)实训后期。在项目组全组人员的努力下,壹木漾产品定位及市场宣传推广项目拍摄圆满完成,组员们依据导师和品牌方的建议与要求进行再次修改剪辑。

3.成果展示

本项目成果形式为《壹木漾水合动力霜市场宣传推广策划书》1份、壹木漾水合动力霜宣传短视频1条。

在展示过程中,主要展出以下几方面的内容。

(1)《壹木漾水合动力霜市场宣传推广策划书》。该策划书以市场分析、产品定位、用户画像、新媒体推广策略计划、宣传物料(视频、图片、海报、文案)等为主要内容。

《壹木漾水合动力霜市场宣传推广策划书》　　壹木漾水合动力霜宣传短视频

(2)壹木漾水合动力霜宣传短视频。展台布置电视机或LED屏幕播出壹木漾水合动力霜宣传短视频(见图7-20)。

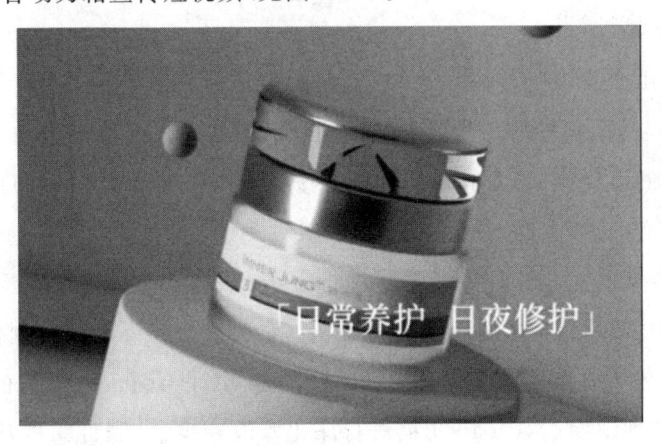

图7-20　壹木漾水合动力霜宣传短视频截选

第三节　艺术设计类项目实训

综合专业实训中的艺术设计类项目依次按照视觉传达设计、环境设计、产品设计和服装设计四大类别,进行介绍讲解。

一、视觉传达设计类案例一:"面院士男士洗脸吧"品牌宣传推广项目

1. 项目简介

"面院士男士洗脸吧"立志做一份有意义的事业,做一个有爱的品牌。随着经济的发展,以及"悦己"大趋势影响下男性对自身皮肤护理的重视,护肤品高频率的使用,促进了护肤品的高速发展,男士护肤市场呈上升趋势。"面院士"品牌成立于2022年,秉持"千人千面,一人一方"科学护肤理念,为国人的皮肤保驾护航,帮助男士们解决肌肤问题。

本项目负责对"面院士男士洗脸吧"进行品牌宣传,通过调研和创意设计,设计出精美的国潮风品牌logo和一系列精美的衍生产品,包含礼盒、包装袋、优惠券、会员卡、积分卡、致谢卡片、IP形象及贴纸、名片、员工证、信封信纸、档案袋等。根据logo和衍生产品,设计一套完整精美的视觉识别系统手册,涵盖对每一款产品的详细介绍。除此之外,需要制订完整的品牌宣传营销方案和品牌推广详细规划。

2. 实施过程

团队由产品设计专业的学生负责衍生产品、海报和三折页的设计与PPT整合工作;视觉传达设计专业的同学负责品牌logo的设计和视觉识别系统手册的设计;广告专业的同学负责搜集资料和营销方案的制订。

整个实训过程大致分为三个阶段。

(1)实训前期。针对实训主题进行分析和研究、与导师进行沟通、制订实训方案并对项目内容进行具体分工等。收集品牌logo案例,制作案例分析报告并与导师和品牌方沟通确立风格方向,设计绘画品牌logo的初稿。

(2)实训中期。对logo初稿进行深化修改并定稿,制订初步营销方案。整理实训项目前期工作内容及成果,制作汇报文本并进行中期汇报。

(3)实训后期。完成衍生产品的设计(礼盒、包装袋、优惠券、会员卡、积分卡、致谢卡片、IP形象及贴纸、名片、员工证、信封信纸、档案袋等),完成展品的定制工作,包括设计展台所需的海报、三折页等。所有组员共同进行展台的布置,并确定好展出期间的人员安排。经过实训效果展示,完成实训工作总结。至此,该实训项目圆满结束。

"面院士男士洗脸吧"品牌宣传推广项目中期汇报

3. 成果展示

团队通过调研、创意设计,对"面院士男士洗脸吧"进行品牌形象塑造,设计一套用于宣传推广该品牌的视觉识别系统手册及相关周边,为男士品牌制订完整的营销方案。

在前期准备工作中,团队通过收集大量品牌 logo 案例,进行整合,制作 logo 案例分析报告,并与导师和品牌方进行沟通交流,确立"面院士洗脸吧"品牌 logo 的风格走向——国潮风。

根据国潮风,团队分专业进行品牌 logo 草图的绘制(见图 7-21),在与品牌方进一步的沟通中,品牌方负责人选定了熊猫 logo 初稿(见图 7-22)。"面院士男士洗脸吧"是一家专注于解决男士皮肤问题的优秀企业,因此 logo 的设计应偏向于男性化,且突出洗脸吧这一主题。企业愿景是做世界男士皮肤护理第一品牌,因此 logo 应简洁大气。logo 的初稿以熊猫为主体,融合了面膜、院士帽和叶子元素。熊猫是我国辨识度最高的动物,以熊猫为主体,与企业想做世界男士皮肤护理第一品牌的愿景相呼应;面膜则是突出了洗脸这一主题;院士帽与品牌名称及专业能力相呼应;叶子则是体现了产品的自然可靠。

图 7-21 logo 草图绘制

图 7-22　熊猫 logo 初稿

　　视觉传达设计专业的学生负责进一步修改,通过与品牌方负责人进行对接沟通,拟定了 logo 修改稿。logo 修改稿相较初稿增加了主体熊猫的层次感,给熊猫加上了手、泡沫和眉毛,增添了洗脸的感觉,视觉上更有个性,更有专为男士服务的感觉。完整的 logo 修改稿(见图 7-23)选用了与 logo 更为搭配的字体,配色选用了更为出挑的蓝红配色,让人能够感受到该企业是一个专业、前卫的企业。最后根据品牌方要求,进行了个别调整,修改了配色及字体摆放。

图 7-23　完整的 logo 修改稿

产品设计专业的学生根据确立的 logo 风格及配色，进行衍生产品的设计。先是通过与品牌方的交流沟通，确定品牌方需要的产品包装及礼盒。通过收集案例与资料，确认了礼盒尺寸。通过 3D 建模（见图 7-24），设计了一款磁吸翻盖式的礼盒，并设计了水乳套装、洗面奶、面霜、清洁泥膜的包装盒。衍生产品的设计包括优惠券、会员卡、积分卡、IP 形象及贴纸、致谢卡片、名片、工作证、信封、档案袋、纸袋等。

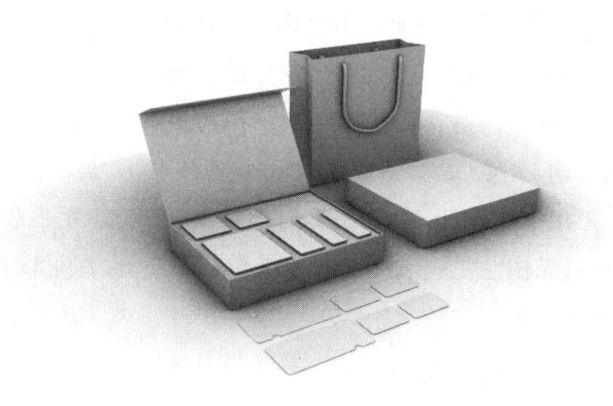

图 7-24　衍生产品基础模型

经过不断的修改与搭配，平面包装设计最终确立整体以蓝色为主，少量爱马仕橙为点缀，制作并完成相关衍生产品效果图。

"面院士男士洗脸吧"衍生产品效果图

二、视觉传达设计类案例二：海宁公安反诈宣传及 IP 应用设计项目

1. 项目简介

海宁公安反诈宣传及 IP 应用设计项目以"反诈骗"为主题，在海宁公安局已搭建的反诈骗宣传口的基础上，用全新的文案语言及表现手法注入以年轻大学生为视角的反诈方案。

本项目分为三个部分：(1) 对海宁公安局反诈骗内容进行宣传，制订相应方案，并制作小视频；(2) 根据应用场景设计海宁公安 IP 形象相关海报、表情包等；(3) 利用海宁公安 IP 形象进行文创产品的应用设计。

2. 实施过程

整个实训过程大致分为三个阶段。

海宁公安反诈宣传及IP应用设计项目中期汇报

(1)实训前期。小组成员对海宁公安反诈宣传及IP应用设计项目资料进行全方位分析,了解了IP形象背后的原型,每个人根据自己所学的专业和特长进行分工。初步编写两篇视频脚本,确定文创产品种类数量,完成两组文创产品插图初稿,确定表情包种类和表情包草稿以及一组IP形象文创产品设计草图。

(2)实训中期。小组成员完成视频脚本12篇,视频产出6组。完成IP形象衍生设计,IP形象文创产品台历、T恤、手提袋、挂件插画设计及排版样机贴图。完成表情包动态设计、海报细化设计。

(3)实训后期。小组成员完成最终的视频脚本12篇,视频产出6组。完成最终IP形象衍生设计,IP形象文创产品台历、T恤、手提袋、挂件插画设计及排版样机贴图。完成最终版的表情包动态设计、海报设计。整理已完成作品并准备布展。

3.成果展示

(1)团队制作的反诈宣传小视频。

海宁公安反诈宣传小视频

(2)IP形象衍生设计(见图7-25)。

图7-25　IP形象衍生设计

第七章　实训项目案例分析 | 121

(3)反诈海报(见图7-26)。

图7-26　反诈海报设计

(4)作品展(见图7-27)。

图7-27　作品展

三、视觉传达设计类案例三：浙艺金鹄电影节视觉形象设计项目

1. 项目简介

浙艺金鹄电影节暨原创影像大赛以"立鸿鹄志，做有金子般心灵的电影人"为主旨，鼓励当代青年影视学子展现出蓬勃的创作力，以勇敢、拼搏寻找电影之美，以真实、纯粹踏寻心灵之路，让艺术的种子在影视之路上闪耀起航。第五届浙艺金鹄电影节暨原创影像大赛以"传宋经典，智像未来"为主题，以历史印记和时代精神激活经典，以无限想象和青春之力智像未来。

本项目是以第五届浙艺金鹄电影节暨原创影像大赛的视觉形象为设计对象，包括该电影节的宣传海报、易拉宝、邀请函、环保袋等周边产品和宣传物料。

2. 实施过程

整个实训过程大致分为三个阶段。

(1)实训前期。小组开展相关电影节视觉形象设计调研工作，并开会讨论分析案例，初步明确本组设计方向。会后，组内制订项目实施方案，明确组内任务分工，根据设计意向，由3名视觉传达设计专业的学生为主导拟定初稿，中文、广告专业的学生辅助开展各项工作。根据每周一例会上导师的指导意见，小组成员经过多次修改，最终形成了两版海报，从不同角度切入，充分诠释项目主题。

(2)实训中期。小组成员根据海报制作周边产品，并制作了中期汇报PPT。在中期汇报中，由组长阐述了本组的实训成果，得到导师的认可，并被评为优秀团队。汇报过后，小组开展线下讨论，确定后续事宜的分工。

浙艺金鹄电影节视觉形象设计项目中期报告

(3)实训后期。在海报的基础上，小组成员增加了周边产品的种类，包括徽章、工作证、道旗等，并按照要求制作了三折页，以便更好地宣传团队实训成果。除此之外，小组成员与淘宝客服确定好周边产品的定制事宜，讨论布展的设计方案，力求以最完美的形态呈现项目成果。

3. 成果展示

团队成果主要包括两版主海报，以及邀请函、易拉宝、环保袋、工作证、徽章、道旗等周边产品。

(1)主海报。海报1(见图7-28)：随着时代的不断更迭，影像的表达方式也越来越多元化，影视行业的活力被再度唤醒。这让越来越多身藏光影才华的青年学子有机会在这个新时代表达自己对影像的理解，以自己的方式探索影像边界的无限可能。浙艺金鹄电影节暨原创影像大赛以"立鸿鹄志，做有金子般心灵的电影人"为核心，为青年创作者们提供了全新的创作平台。在这里，才华、创意、好奇不断喷涌，故事、情感、梦想得以展现。

海报1以浙艺金鹄字体为背景，突出金鹄视觉元素，如同金鹄在梦想的舞台上展翅翱翔，浙艺为一代又一代的青年学子打造优质的影像平台，让更多怀抱电影梦想、满腹光影才华的新兴力量不断涌入。logo结合电影胶片和鸿鹄的元素，用"消散"来表现流金岁月的质感。以"黑金"为主色调，期待青年学子发挥想象和热情，将发散思维、创意光影、青春之力构造成梦想剧场。

(a)海报1印刷展示　　　　(b)海报1户外大幅展示

图7-28　海报1展示

海报2(见图7-29)：在中国千年色彩历史中，宋代崇高色彩清淡、素净典雅，整体海报配色极为淡雅，与宋代美学相呼应，彰显独有的儒宋风韵，"传宋经典，智像未来"字体以宋瓷的蓝为主色，加上胶卷的元素，不仅追求宋韵，而且力求思想构筑未来。

海报2以"金鹄"作为核心概念，展翅的鸿鹄如同拥有李白笔下的"俱怀逸兴壮思飞，欲上青天揽明月"的高远之志，追求影像理想境界，同时展现出了对电影节圆满成功的最高期望和鸿鹄起飞跃向更高时代的遐想。海报右边采用了摩斯密码样式，断断续续的符号象征着金鹄电影节传统与现代科技的融合，碰撞出别样的宋韵魅力。在研究宋代文化时，又跳出"传统"，把传统和现代有机结合，将传统文化的创造性转化成新元素融入海报，以体现电影节主题。

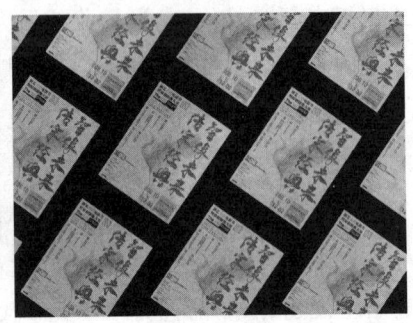

(a)海报2设计展示　　　　　　　　(b)海报2印刷展示

图7-29　海报2展示

(2)项目周边介绍。易拉宝(见图7-30)：以浅土黄为打底色，突出竞赛单元、参赛对象、承办单位等内容。

图7-30　易拉宝

邀请函（见图 7-31）：以简约为风格，主要展现金鹄电影节 logo 及金鹄元素，模糊与清晰的冲突构成光影盛宴。

图 7-31　邀请函

环保袋（见图 7-32）：以米黄色作为主色，一款印有"浙艺金鹄"字样，一款印有"鸿鹄"元素，以简约的符号致敬电影节。

图 7-32　环保袋

工作证(见图 7-33):以简约为风格,与主形象设计相匹配,将人物形象印于工作证背面,更具纪念意义。

图 7-33　工作证

四、环境设计类案例一:青田县祯旺乡陈须村规划设计项目

1. 项目简介

本项目合作方是青田政通石雕文化发展有限公司、青田县环保局、青田县水南幼儿园,以及青田县旅游委员会。他们高度重视本次综合实训项目,并在各个方面给予大力支持。

陈须村是一个原生态古村落,因此团队致力于在保留陈须村原有生态风貌的前提下,对古村落进行重新规划设计和旅游推广,包括增加公共设施服务,整合土地与道路,完成 CAD 改造平面图、3D 渲染效果图,并结合导视系统设计、主视觉形象设计进行同步推广宣传,力求延续古村风情特色,更好地展现陈须村的风采,最终实现古村落的有效保护和可持续发展。

2. 实施过程

整个实训过程大致分为三个阶段。

(1)实训前期。第一,做好组员动员工作。组长通过微信、QQ 等通信方式初步建立团队,方便组员之间的线上交流。

第二,实地考察陈须村,小组成员和村主任、乡长进行沟通,了解他们的改造意向和要求,以便之后改造工作的顺利进行。

第三,小组成员针对村落的现状问题展开讨论,仔细罗列相关问题,积极与导师交流,初步明确设计方向。会后,组内制订项目实施方案,明确组员任务分工,根据设计意向,设计对应的优化方案。

(2)实训中期。小组成员以项目的实际问题为导向,结合小组成果,制作中期汇报PPT。在中期汇报中,由组长阐述本组的实训成果。汇报过后,小组成员开展线下讨论活动,确定后续事宜的分工,让每个人的工作都能落实到具体,以便提高效率。同时,做好对接工作,及时汇报成果、效果图、方案等。

(3)实训后期。小组进一步调整、深化项目方案,对不足之处进行改进。文创作品根据风格进行修改,logo根据要求不断改进,效果图也进一步丰富。最后,开展布展宣传工作,设计并制作宣传展板、宣传册(见图7-34)、三折页及相关周边。

青田县祯旺乡陈须村规划设计项目中期报告

图7-34 宣传册封面

3. 成果展示

团队成果主要包括项目村庄的景点改造设计与规划效果图,设计与主题相契合的 logo、文创产品、导视系统和宣传手册(见图 7-35)。

图 7-35 成果展示

五、环境设计类案例二:杭州叁拾贸易有限公司居家工作室室内设计项目

1. 项目简介

本项目是杭州叁拾贸易有限公司提供的居家工作室室内设计项目。项目位于浙江省杭州市余杭区良渚文化村,面积约 180 平方米。户型为跃层且整体空间不大,甲方希望住宅的整体风格为极简风,设置可以足够容纳展示甲方收藏的手办的空间,以及拥有一个居家工作室与可供珠宝产品拍摄的空间。室内设置有产品展示区,将露台设计为饮茶区,提升空间的整体利用率。

本项目旨在为居住者打造能充分满足其工作需求的工作室和舒适私密的起居环境,设计能满足展览需求的一系列展示空间。项目预期以设计方案及调研报告的形式提交成果,通过大量调研相关展示空间及设计信息,完成室内设计意向方案。

2. 实施过程

整个实训过程大致分为三个阶段。

(1)实训前期。第一,做好组员动员工作。组长通过微信、QQ等通信方式初步建立团队,方便组员之间的线上交流。

第二,与甲方进行初步沟通,了解甲方基本诉求。开展小组会议,确定方案基本方向,确定设计风格,提出设计概念,进行前期分析,通过调查了解方案可行性。

第三,确定组内分工。

(2)实训中期。第一,组内讨论。寻找相关案例进行分析,再结合甲方提供的图纸做出设计方案。

第二,制作平面布局图、各个空间的效果图,生成项目logo与宣传海报的概念图。

第三,与导师交流修改方案。

实训中期汇报时,小组成员对整个项目进度进行说明和讲解,并接受导师的意见,对中期汇报结果进行总结,分析下一步修改方案。分工合作,环境设计组提高出图速度与质量,视觉传达设计组完成海报制作、实训项目排版设计。

(3)实训后期。第一,根据导师的评价进行方案修改,组织组内会议,继续完善设计方案,完成排版设计。

第二,及时与导师沟通,组内有问题随时进行讨论沟通。

第三,完成设计方案,以及展示海报和展板的排版。

3. 成果展示

本项目为三室两厅两卫的双层住宅,对空间的上下两层进行了功能分区,第一层的主要功能为会客功能空间,第二层则是一个较为私密的办公功能空间。

对于居家办公最重要的是如何让工作与生活融合在一个空间里。办公空间需要的是独立且安静的空间氛围,使人更容易进入工作状态,以便最大限度地提高员工的工作效率。出于为甲方提供一个相对安静的工作环境考虑,项目组选择在二楼较私密空间设置工作区(见图7-36),使甲方的日常工作免受干扰,一方面满足用户长时间高效工作的需求,另一方面用户倦怠时能够有休息区缓冲。

图 7-36　工作区效果

理想的居家办公空间应具备足够的空间用于休息,因此需要设计通透明亮、私密且自由的休息区(见图 7-37)。

图 7-37　休息区效果

通过反复推敲、反复构思、反复比较,最后项目组创造出让甲方和小组成员都满意的作品。区别于简单的装饰设计,室内设计从全局出发,不仅仅着眼于某一个点或某一墙面的装饰,而是需要达到统一中有变化、和谐中产生对比的效果。

居家工作室
室内设计
项目展板

六、产品设计类案例一：西泠印社倚石苑文创产品设计项目

1. 项目简介

西泠印社创建于清光绪年间，以"保存金石，研究印学，兼及书画"为宗旨，是海内外研究金石篆刻历史最悠久、成就最高、影响最广的民间艺术团体之一。

本项目通过深入了解西泠印社的文化背景，配合相关产品（如印泥、印章、笔墨纸砚、DIY马克杯礼盒、帆布袋、明信片等）的制作，依托社团文化内涵，打造西泠印社的品牌文化。

2. 实施过程

整个实训过程大致分为三个阶段。

（1）实训前期。完成组队并确定主题为"西泠印社七任社长和知名社员的文创产品的制作"，项目成果为西泠印社文创产品。组内统一开会制订项目实施方案及时限，各项任务分配到各个成员后，有序开展西泠印社的前期调研工作，如资料收集、重要元素提炼、梳理文脉、统筹整理等。

（2）实训中期。对前期调研进行总结分工，提取元素用于礼盒制作，分工为：产品设计专业3人负责礼盒制作，视觉传达设计、广告专业3人负责小件制作。小组需要完善前期调研PPT，对市场调研、设计定位等板块进行补充，并构思方案，讨论设计所使用的元素、表现方式、载体等问题，对初步想法进行草图绘制，确定产品造型、品类和配色。

（3）实训后期。根据项目中期构思讨论和导师的建议，对原有方案进行优化。小组成员和导师沟通交流方案修改事项，按照建议修改渲染效果图，修改报告册，打印3D模型，并打磨组装；制作展板、海报及明信片。根据导师建议，深入修改完善方案，对模型造型进行建模修改，完善材质搭配及效果图展示。制作海报及实物模型，准备布展所需材料，查漏补缺，准备展出所需要的配件。

3. 成果展示

团队成果主要包括西泠印社周边、礼盒设计与实物模型等（见图7-38、图7-39）。

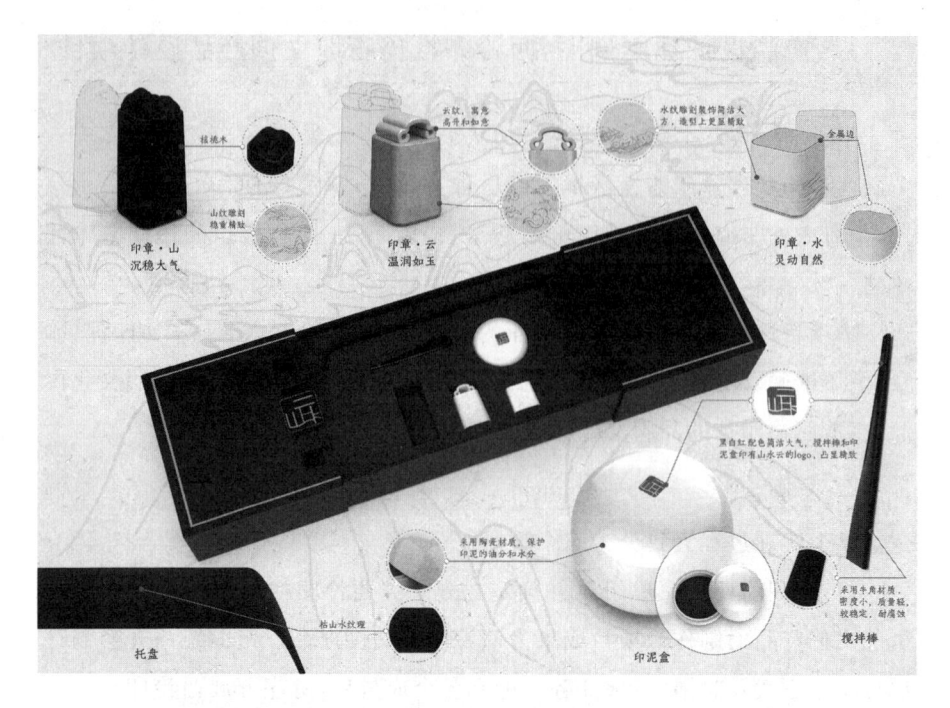

图 7-38　礼盒设计效果

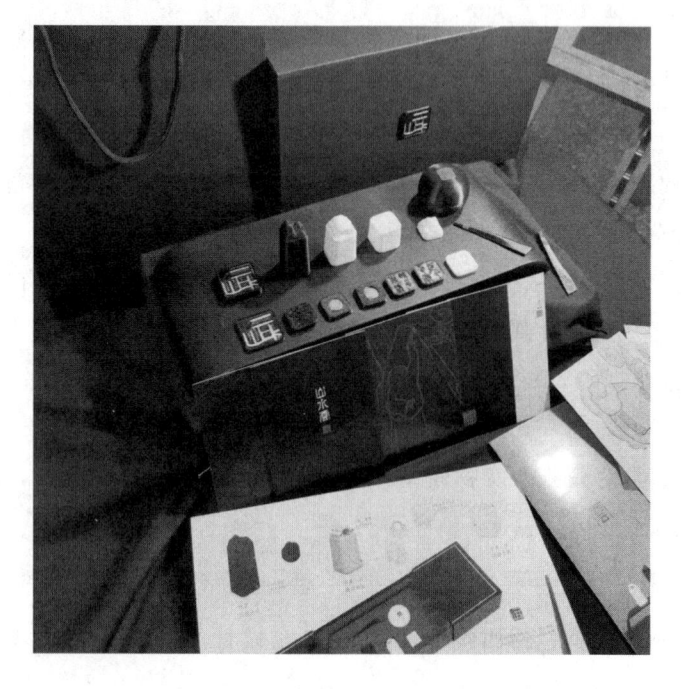

图 7-39　礼盒实物模型

七、产品设计类案例二：小呦暖风机商业摄影及电商设计项目

1. 项目简介

本项目主要对小呦暖风机进行商业摄影与电商页面设计，团队紧跟市场潮流，进行多方面探究，拍摄若干商业摄影图，以摄影作品为素材进行电商物料设计、品牌输出，最终推动小呦品牌产品的营销增长。

本项目需要通过对小呦暖风机进行了解分析，挖掘产品潜在卖点，确定拍摄风格，加强对电商页面的优化设计，激发顾客消费欲望，提高顾客信任度，进一步发挥对该品牌转化率的辅助性增长作用。项目最终成果将以图片及视频的形式呈现。

2. 实施过程

整个实训过程大致分为三个阶段。

(1)实训前期。为了拍摄出更符合市场要求、更优质的图片和视频，以及能够对详情页作出更精准的设计，团队对小呦暖风机进行了前期的市场调查及商品分析。通过网店数据，同类优质产品的拍摄、详情页分析，团队初步了解了顾客对产品可视信息的喜好，以及顾客在意的问题，挖掘对拍摄有利的价值，从而明确对产品拍摄风格的定位，提炼产品本身卖点，开发产品使用场景等有利于拍摄及设计的信息。

小组成员对小呦暖风机(见图 7-40)的图片及产品详情页现状进行详细

图 7-40　小呦暖风机

分析,再对新的电商产品进行拍摄,制作出更符合产品需求的图片及视频。通过视觉呈现,加强视觉语言效果,吸引消费者目光,引起买家共鸣。同时,通过制作新的产品详情页,减少详情页的跳失率,有助于提高转化率。

(2)实训中期。对前期调研进行总结分析,提取元素用于礼盒制作。礼盒的制作和小件的制作需要在该阶段进行。小组成员补充了市场调研、设计定位等板块的内容,针对方案的具体意向进一步落实计划。具体计划如下。

第一,拍摄主题风格参考静物拍摄,以居家风、无印良品日系风为主;光位多利用侧逆光强调暖风机轮廓;利用摄影灯进行补光。

第二,拍摄用户使用产品的场景集锦,例如学习、办公、娱乐、暖宠物等,每个场景再配以合适的文案。

第三,布景在日式摄影棚进行。首图拍摄场景为餐桌,搭配花、三明治、餐具、书本等道具。模特穿着提前准备好的服装使用暖风机(暖脚:身着白袜子,在地板吹暖风机;暖手:在餐桌上烘手;办公:模特在餐桌上使用电脑办公,暖风机放置一旁,从正面或背面拍摄;看书:模特在书桌前看书,搭配茶杯等道具,暖风机放置一旁;烘干宠物:利用摄影棚的柴犬拍摄)。细节图选取阳台等干净明亮的场景,产品详情页首图展示冬日在家阅读或工作时使用小呦暖风机取暖。

(3)实训后期。小组成员对要展示的物料进行设计和规划,导出宣传视频、打印相关海报,进行布展和最终成果展示。

以下为部分海报和产品详情页展示(见图 7-41、图 7-42)。

图 7-41　海报展示

图 7-42　产品详情页展示

小呦暖风机
宣传视频

八、服装设计类案例一："ZUEE"品牌系列男装设计与开发项目

1. 项目简介

ZUEE 是杭州炯善服饰有限公司于 2013 年推出的男装设计师品牌，主营服装、鞋类、箱包、帽子等。ZUEE 是一个追求自由穿衣的设计师风格男装品牌，秉持"让设计与生活交融，为生活所用，在生活中被理解与被体验"的设计理念，产品风格简约又充满设计感。

本项目需要以 ZUEE 品牌服饰文化为中心，挖掘当下男装流行趋势，包括面料、色彩、款式等，并结合新时代男装流行趋势与企业发展要求等，设计与开发出能满足企业生产与消费群体需求的符合品牌设计风格的男装。成果包括策划方案、设计草图、效果图、款式图、面辅料清单等。

2. 实施过程

整个实训过程大致分为三个阶段。

(1) 实训前期。完成基本的调研资料整理，讨论方案，积极与导师沟通，确定设计的主导方向并完成初期的草图设计。

(2) 实训中期。结合前期的设计进行第二阶段的沟通，将前期成果以 PPT 的形式汇总，进行中期检查汇报，听取评委老师的意见后，再次进行修改，并确定面料小样，完成基本的服装效果图设计。

(3) 实训后期。在效果图的基础上，完成服装的款式图，选择和确定面辅料。随后，完成整个系列的男装成衣设计与开发。

ZUEE 品牌
男装模型

3. 成果展示

团队成果主要包括男装模型、两套男装成衣以及成衣的细节效果图(见图 7-43、图 7-44)。

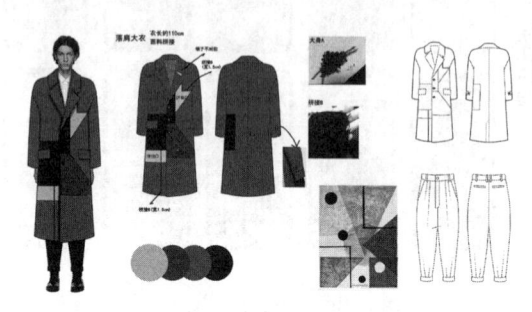

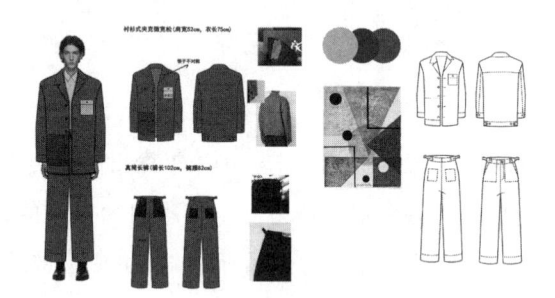

(a)成衣—大衣细节效果

(b)成衣—套装细节效果

图 7-43　成衣细节效果

图 7-44　成衣展示

九、服装设计类案例二：传统染色方法"扎染技艺"的传承与推广项目

1.项目简介

本项目以传统染色方法"扎染技艺"为主，进行服装、服饰等纺织品创新设计与推广，突出传统文化、环保理念。本项目需通过资料收集、策划、创意与设计，了解扎染技艺，结合新时代的流行趋势和图案，设计一组扎染服饰产品。同时，通过微博、微信、贴吧、论坛等多种渠道进行传播，扩大传统染色方法"扎染技艺"的社会影响力。

本项目的目的是结合传统文化知识与现代需求，设计有创意的作品，充分发挥服装设计、广告、环境设计、产品设计等专业的特长。

2.实施过程

整个实训过程大致分为三个阶段。

（1）实训前期。完成项目团队的组建，明确任务分配，确定设计方向及类别。对前期的设计进行讨论、修改并完成初期的草图设计，确定设计内容。

（2）实训中期。根据前期意见作相应修改，完成基本的平面效果图设计。

（3）实训后期。在效果图的基础上，完成整个产品设计三维效果图。针对个别问题进行调整并完成整个项目的最终产品设计。

传统染色方法"扎染技艺"的传承与推广项目中期汇报

3.成果展示

成果包括传统染色操作视频、5个样式的扎染抱枕、3条扎染围巾、1个使用扎染布料缝制的小海豚玩偶、一系列扎染布料制作的小香包、1套成衣（包含1件裙子和1件外套）、一系列生活用品（包含帽子、笔袋、袜子等）。

抱枕（见图7-45）的制作，目的是展现扎染布料的样式，将扎染图案融入抱枕的制作中，且采用统一形制的系列图案与花纹，具有实用意义和展示意义。

传统染色方法"扎染技艺"视频1

图 7-45　扎染抱枕

围巾和成衣的制作，是将扎染技术融入服饰制作和我们的日常生活，推进扎染的宣传，让更多人喜欢扎染、看到扎染。将扎染融入衣物的设计，也是希望可以将扎染和潮流挂钩，打开思路，打破大家对扎染的刻板印象，让大家知道扎染并不只是一门非遗技术，它可以很好地运用到衣物的设计中，并且能够给一件服饰增加亮点，进而更好地宣传扎染技术。

制作扎染图案的玩偶（见图7-46），也是以创新扎染运用的途径为目的。我们可以在玩偶制作中运用扎染技术，打造国风潮流玩偶，打入面向年轻人和小朋友的消费市场，让更多新生代也认识扎染。

图 7-46　扎染玩偶

将扎染技艺运用在生活物品中,是主要宣传手段。例如,用好看的扎染布料缝制的小香包,可以任意佩戴在包包和服饰上,既是实用单品,也是潮流单品。

另外,扎染帽子(见图7-47)也非常独特,因为扎染的不确定性,为帽子添加了一份神秘性,非常受年轻人喜爱。

图7-47　扎染帽子

本次成果展示,到处可见扎染技艺的运用与创新,项目团队成果的制作过程也是对扎染技艺的宣传,让大众了解到扎染不仅仅可以在宣传视频中看到,在日常生活中也可以常常见到。

传统染色方法"扎染技艺"视频2

第八章　实训作业成果说明

第一节　"海宁非物质文化遗产保护之长安宴球"实训项目

一、项目简介

本项目是海宁非物质文化动态影像保护。经过讨论最终决定以宴球作为拍摄主题，以别样风格的视频，展示宴球的制作流程，并根据宴球自身的特色与文化寓意，以及当代人的喜好，重新设计一系列产品周边。实训团队希望通过这种方式让群众了解宴球，从而达到宣传保护的目的。

二、成果说明

实训团队经过不懈努力，取得的成果颇丰，包括1份宣传视频，1个项目logo，2份产品包装，1份实训的宣传海报，1份介绍此次学院跨专业综合实训活动的宣传册，3套明信片、小卡片，1份期中报告，8篇会议纪要（共计5000余字）。

1. 平面设计

（1）logo的设计。

创意说明：

将宴球两个字义融合在一个宴字上，球字用宴球的图案来进行表现。因为宴球的主材料是鱼肉，所以宴球用鱼尾来增加视觉感。

两字融合，用"宴球＋筷子"的图案巧妙代替宴字里面的"日"和"女"字的横笔，形成了一个有点活泼风格的logo。

在logo中可一眼可看出内含"长安"两字，将与宴球有关的元素融为一体（见图8-1、图8-2）。

图 8-1 "长安宴球"项目 logo 设计初稿

图 8-2 "长安宴球"项目 logo 设计定稿

（2）海报（见图 8-3）。

图 8-3 "长安宴球"项目海报

（3）三折页。与一般意义上的三折页不同,这次的宣传页是"多折页",页面上的四个角分别写着"长""安""宴""球"四个字,将其折叠起来就是长安宴球,可以说创意满满(见图8-4)。

图8-4 "长安宴球"项目折页

（4）明信片。明信片上的图案共有三种,分别介绍了宴球与宴球的种类,与书签内容一致(见图8-5)。

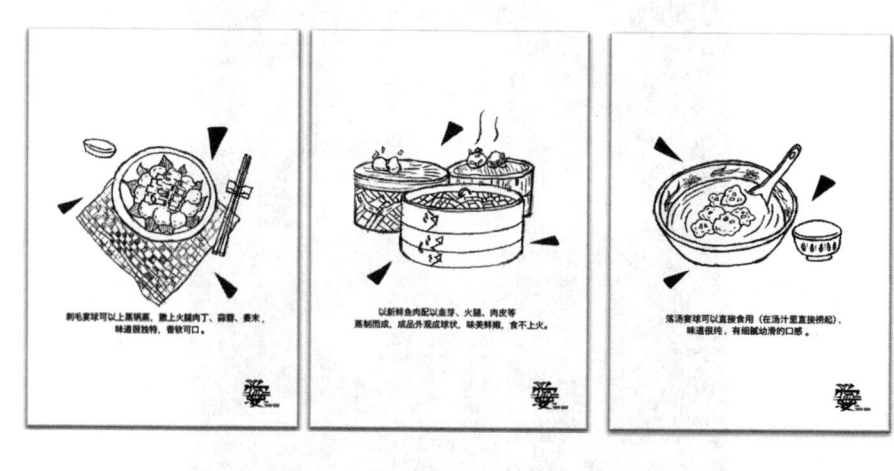

图8-5 "长安宴球"项目明信片初版

第八章　实训作业成果说明 | 143

(5)书签(见图 8-6)。

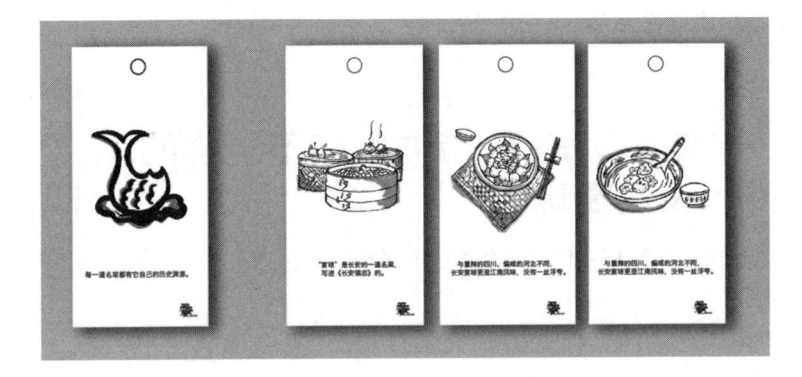

图 8-6　"长安宴球"项目书签

(6)小镜子(见图 8-7)。

图 8-7　"长安宴球"项目小镜子

(7)产品包装(见图 8-8)。

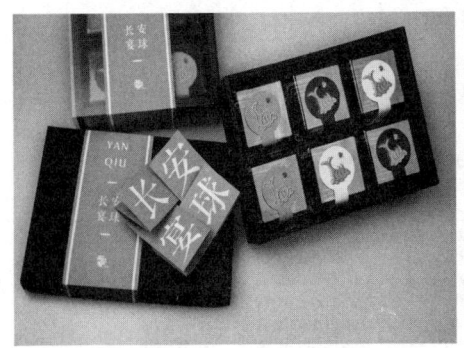

图 8-8　"长安宴球"项目产品包装

2.文字成果

(1)微信推送文稿(见图8-9)。

图8-9 "长安宴球"项目微信推送文稿

(2)8篇会议纪要(见图8-10)。

图8-10 "长安宴球"实训团队会议纪要

(3)宣传视频(见图8-11)。

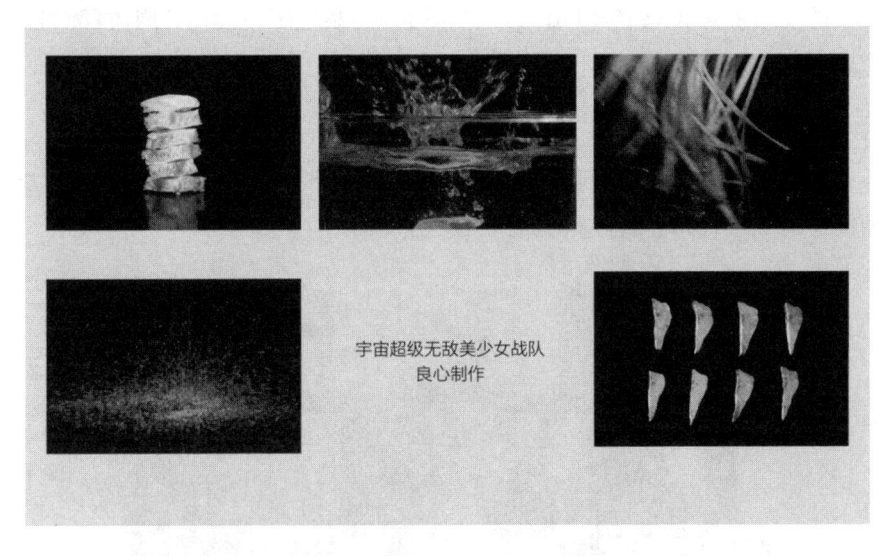

图8-11 "长安宴球"项目宣传视频

第二节 "一花一周"品牌推广实训项目

一、项目简介

"一花一周"品牌认为,鲜花是生活的一部分,我们应该展露鲜花的美丽,用心插一束鲜花,融入我们的生活。因此,"一花一周"在昆明建立种植基地,租用空运航班,把最新鲜的花,第一时间送到爱花人的手中,而且是每个人完全可以负担的费用。

用一束花,装点一周的心情。一花一周,倡导鲜花融入生活的仪式感。一次订购,享受每周定时与鲜花相遇的喜悦。美好时光,用鲜花点亮!

二、成果说明

通过市场调查和分析,实训团队确定了主要定位方向。因为"一花一周"主要消费群体是女性,而现在市场上类似品牌产品,例如花+、花点时间等,它们的广告宣传大多走的是小资情调、生活格调这一方向。实训团队要突出不同,着重点就是"帅哥"。因此,宣传重点定为"帅哥"了。

围绕主题,实训团队策划拍摄制作了两集微电影,并制作了辅助微电影宣传的 4 个视频和 H5(HTML5)页面,另外还制作了一些相关周边,例如明信片、花卡、小标签等。

1. 两集微电影

第一集以女生视角展现故事,第二集以男生视角向观众呈现不同角度的同样的故事,给人以惊喜(见图 8-12、图 8-13)。

图 8-12 "一花一周"项目微电影《一花一周》

图 8-13 "一花一周"项目微电影《周早早,你的鲜花》

2.4 个宣传视频

4个不同的男生形象，用独具特色不同的送花方式送出鲜花，从而宣传微电影和品牌（见图 8-14～图 8-17）。

(a) 片头　　　　　(b) 片中　　　　　(c) 片尾

图 8-14　"一花一周"项目微电影宣传视频 1

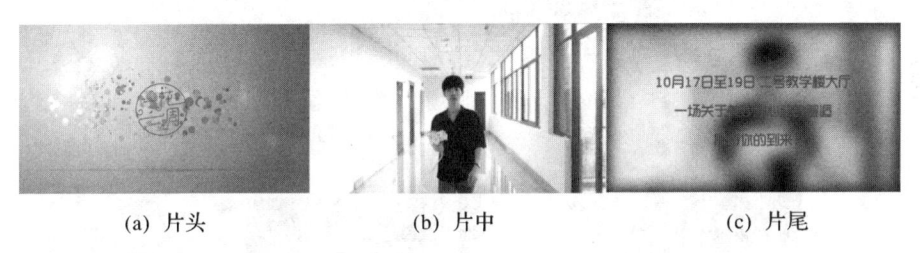

(a) 片头　　　　　(b) 片中　　　　　(c) 片尾

图 8-15　"一花一周"项目微电影宣传视频 2

(a) 片头　　　　　(b) 片中　　　　　(c) 片尾

图 8-16　"一花一周"项目微电影宣传视频 3

(a) 片头　　　　　(b) 片中　　　　　(c) 片尾

图 8-17　"一花一周"项目微电影宣传视频 4

3. H5 宣传页面

用H5的方式宣传"一花一周"品牌。其中，用帅气的男生来陪衬美丽的鲜花，从而吸引目标消费群体的目光，达到销售目的(见图 8-18)。

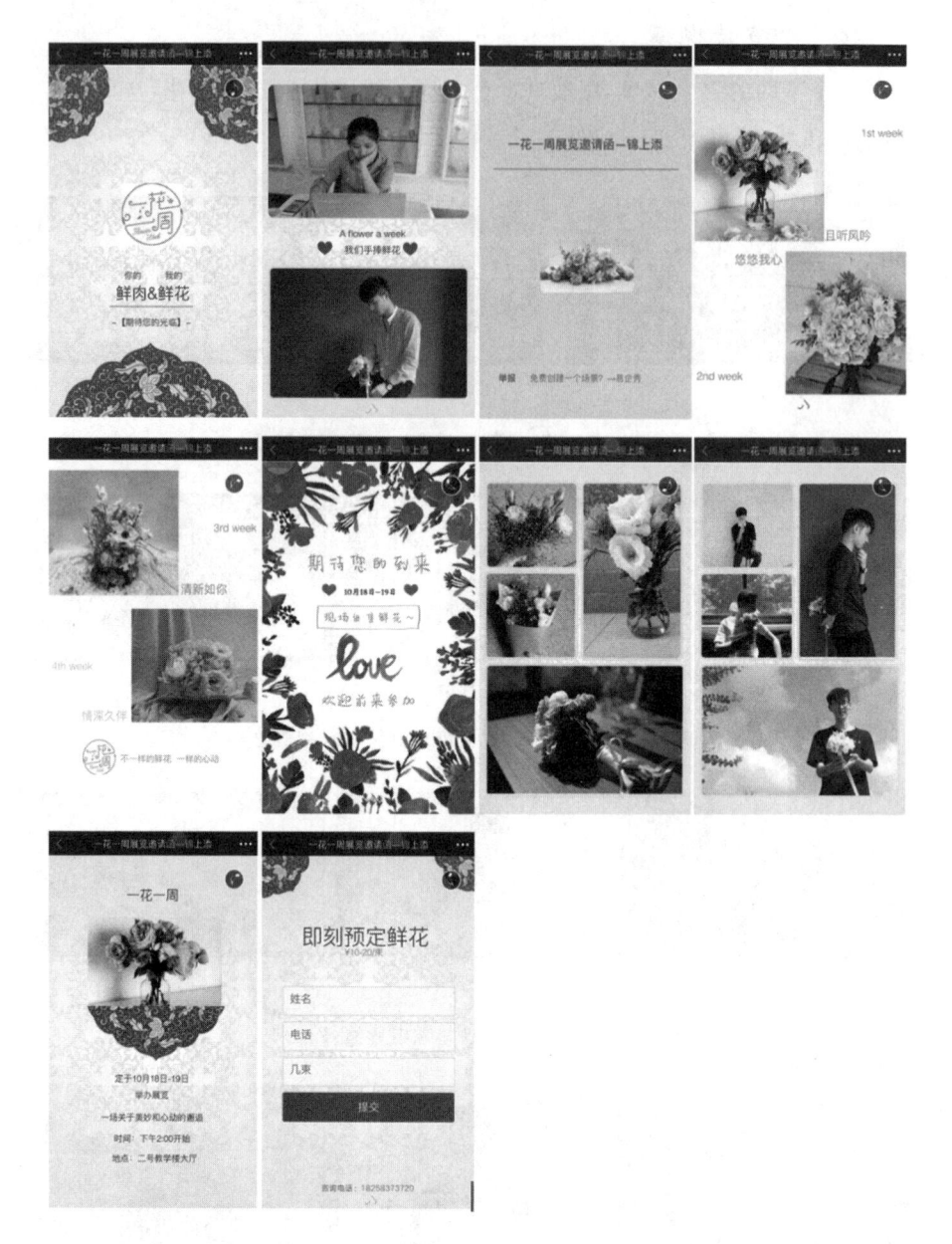

图 8-18 "一花一周"项目 H5 宣传页面

4. 宣传海报

宣传海报设计同样是帅哥伴以鲜花，充分围绕主题，展现特色，既宣传微电影，也宣传品牌（见图 8-19）。

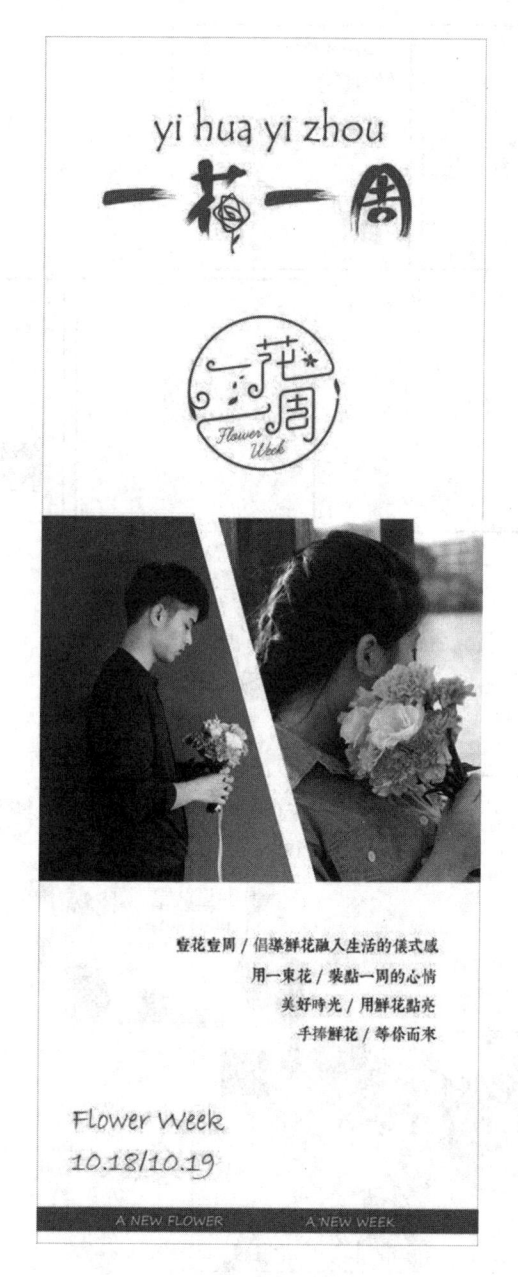

图 8-19 "一花一周"项目宣传海报

5. 花卡

鲜花配送附赠的小卡片,作为周边产品点缀。以鲜花作为主要的设计素材来点缀品牌 logo,切合主题(见图 8-20)。

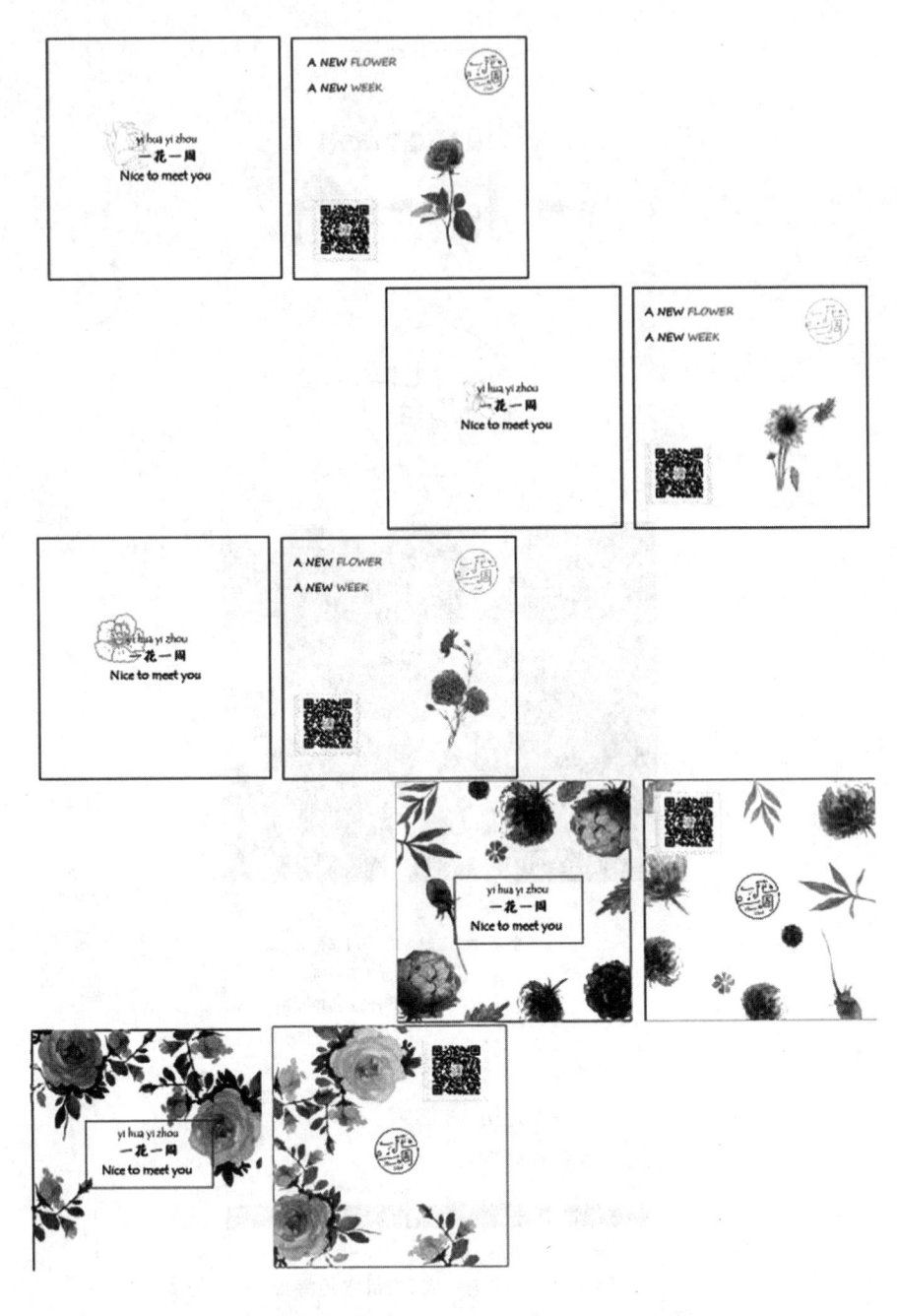

图 8-20 "一花一周"项目花卡

6. 品牌小标签

品牌小标签以玫红色来表现鲜花的多彩艳丽之意,辅以一些设计线条,衬托展现品牌 logo(见图 8-21)。

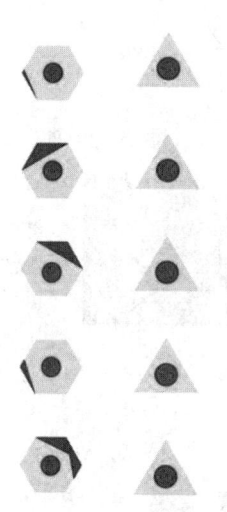

图 8-21 "一花一周"项目品牌小标签

7. 明信片

以微电影人物制作的明信片（见图 8-22）。

图 8-22 "一花一周"项目明信片

8. 插花方案（见图 8-23）

图 8-23 "一花一周"项目插花方案

第三节 "旧衣回收、改造与捐赠"实训项目

一、项目简介

本项目的主题是旧衣物的再利用,将旧衣物回收,进行改造,然后捐赠,具有环保性和公益性。通过回收学生不穿的旧衣物,化为资源,"放对位置",加以利用,不仅能帮助他人,还能减少垃圾量,促进环保。

二、成果说明

本项目成果包含 6 套旧衣改造的成品、6 件团队文化衫、6 个手绘周边纸袋、2 个打印周边纸袋、2 份服装吊牌、2 份团队的宣传海报、2 份介绍团队的宣传册、1 份团队的宣传视频、1 篇推文、8 份会议纪要（共计 10000 余字）。

1. 平面设计

(1) logo 的设计。项目 logo 下方的 3 个图形从高到低有序排列，上方的图形则是下方图形的组合，体现了项目主题（见图 8-24）。

图 8-24 "旧衣回收、改造与捐赠"项目 logo 设计

(2) 海报。项目海报用米黄色为主色调，用红黑元素点睛，给人温暖的感觉，也在整体上呼应了改造的风格（见图 8-25）。

图 8-25 "旧衣回收、改造与捐赠"项目海报

154 | 文创类综合专业实训教程

(3)三折页。项目三折页1(见图8-26)。

(a)三折页1外页

(b)三折页1内页

图 8-26 "旧衣回收、改造与捐赠"项目三折页1

项目三折页2(参见图8-27)。

(a)三折页2外页

第八章 实训作业成果说明 | 155

(b)三折页 2 内页

图 8-27 "旧衣回收、改造与捐赠"项目三折页 2

(4)打印周边纸袋(见图 8-28)。

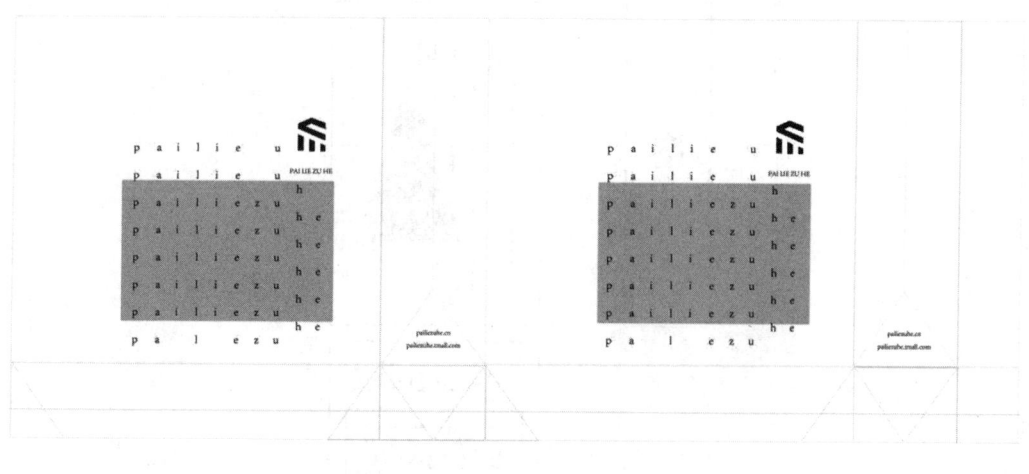

图 8-28 "旧衣回收、改造与捐赠"项目打印周边纸袋

（5）手绘周边纸袋（见图 8-29）。

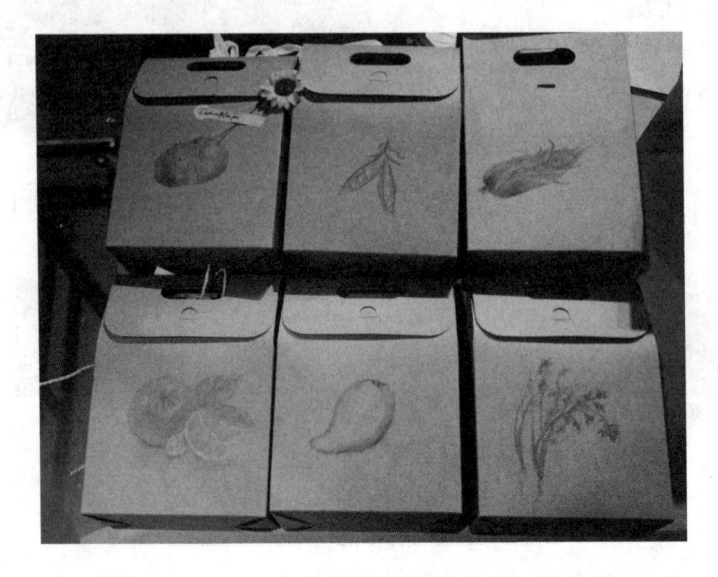

图 8-29 "旧衣回收、改造与捐赠"项目手绘周边纸袋

（6）吊牌（见图 8-30）。

(a)吊牌 1

(b)吊牌 2

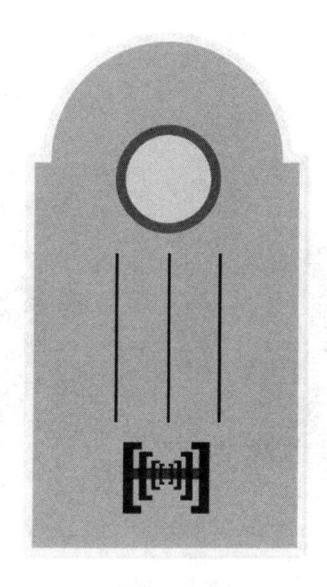

图 8-30　"旧衣回收、改造与捐赠"项目吊牌

(7)名片(见图 8-31)。

(a)名片 1　　　　　　　　　　　(b)名片 2

图 8-31　"旧衣回收、改造与捐赠"项目名片

2. 成衣制作

(1)旧衣改造成品(见图8-32)。

图8-32 "旧衣回收、改造与捐赠"项目旧衣改造成品

(2)旧衣制作文化衫(见图8-33)。

图8-33 "旧衣回收、改造与捐赠"项目旧衣制作文化衫

第八章 实训作业成果说明 | 159

3. 文字成果

(1)微信推文(见图 8-34)。

图 8-34 "旧衣回收、改造与捐赠"项目微信推文

(2)会议纪要(见图8-35)。

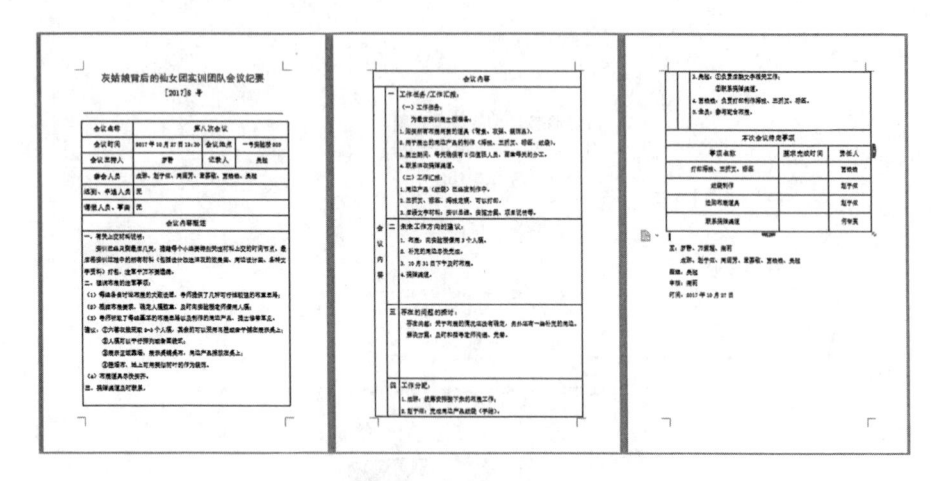

图 8-35 "旧衣回收、改造与捐赠"项目会议纪要

4. 宣传视频(见图8-36)

图 8-36 "旧衣回收、改造与捐赠"项目宣传视频

第九章　实训作业导师点评

第一节　UMITEX 化妆品恒温箱项目

一、项目简介

此次参与 UMITEX 化妆品恒温箱（见图 9-1）项目的共有 3 个团队，他们准确地找到了该产品在细分市场中的定位，并以此为基础确定目标人群，进行了深入调研。3 组学生结合各自的调研结果，分别开展产品设计，最终制作完成 3 款精美的 1∶1 产品造型手办。3 款产品造型各异，别具特色，学生设想的化妆品收纳功能也较为完善，具备高度的生产可行性，获得了甲方余姚市呦呦电器科技有限公司的高度评价，并给予每组学生一定的奖励。

图 9-1　UMITEX 化妆品恒温箱

二、导师点评

本项目属于创新型小家电研发项目，设计难度大、工作内容繁多，学生面临很大的挑战。但是他们不畏艰难，奋发刻苦，在有限的时间内圆满地完成了这次挑战，得到了甲方的高度认可。实训是一次对学生综合设计能力的大练兵，在项目进行的过程中，同学们前三年所学的知识得到了实践，团队协作能力得到了培养，是走上社会前的重要一课。

UMITEX
化妆品
恒温箱项目

第二节 "写石派"石墨造型铅笔项目

一、项目简介

该项目来自上海陆舟文化传播有限公司，要求学生以石墨为原材料，进行造型及功能上的创意发散，设计出一系列有趣、好玩的新款石墨造型铅笔。两组学生在一个月的时间内通过对文艺玩具市场的调研，以及不断的头脑风暴，最终呈现了两个主题的方案，分别是趣味棋（见图9-2）及"金陵十二钗"。最后再利用光固化成型3D打印技术制作出了两套完整的产品原型。甲方对学生设计的两套方案颇为满意，并将他们的作品带到在上海举行的第十七届中国玩具展展出。

图9-2 趣味棋石墨造型铅笔新品设计开发

二、导师点评

本项目立题新颖，是较为冷门的文创产品设计，且对复杂曲面的建模要求非常高。但是，学生们通过自己的努力，在短短两周内自学 ZBrush 数字雕刻和绘画软件，出色地完成了方案的呈现。从创意，到造型，到包装，全都达到了很高的水准。甲方在看到学生的作品后，甚至直接提出要聘用学生，这充分肯定了学生所具备的综合能力。

"写石派"石墨造型铅笔项目

第三节 "海宁市纪检委公益广告片创作拍摄"项目

一、项目简介

全面从严治党是党的十八大以来党中央作出的重大战略部署，是"四个全面"战略布局的重要组成部分。"海宁市纪检委公益广告片创作拍摄"项目成果经过策划选题、遴选方案、细化脚本、组织拍摄、剪辑制作和宣传发布等环节，投拍的两部视频均巧妙结合海宁特有的非物质文化遗产"皮影戏"相关元素，各有侧重，有机嵌合。

《不忘初心 方得始终》视频（见图9-3）将皮影道具制作过程与反腐倡廉宣传相融合，借助选皮、制皮、画稿、过稿、镂刻、敷彩、发汗熨平、缀结合成 8 道工序中体现的"精""严""细""慎"等要求，隐喻选拔清正廉洁的政府工作人员和在工作中锻炼成长的作风态度，突出"一环不慎，满盘皆输"的警示提醒，昭示"不忘初心，方得始终"的主旨。

《皮影精神》紧扣"皮影戏的灵魂就在于皮影艺人自己制作的皮影人物上，每个人物都有灵活的关节和各异的色调，做人就像皮影一样只有先把关节立正了才能够行得正、站得直"这一主旨，通过皮影戏，在体现"正直和廉俭"家风家训的同时，也展现了文化的传承和改革。

图 9-3 《不忘初心 方得始终》视频截选

二、导师点评

中国传统文化与当代传媒技术相结合是教学中的一项具体要求，该实训项目锻炼学生从优秀传统文化中汲取精神力量，全面提高自己的修养。学生在实训中利用专业优势、地域优势和组织优势，积极配合海宁市纪检监察宣传思想工作，讲好廉政故事，拍好展示新时代、新文化、新使命的"好影像"，受到了校方和地方政府的鼓励肯定。

学生在创作过程中得到了多方面的锻炼，形成了较完整的思考，也完成了寓意深刻、内涵多层、艺术性强且具有传播普遍性的成果，创造性实现了实训课程的各项主要目标。

第四节 "海宁非物质文化遗产保护之长安宴球"实训项目

一、项目简介

"杏花村酒醉两宴，汉鱼满豚迷一球"——长安宴球是浙江省海宁市长安镇的传统地方名菜，是当地给宾客的一道见面礼，蕴含了大团圆的意义。实训小组在实训中艺术性地再现了海宁长安镇"宴球"这一传统美食制作过程，较好地运用了教学中掌握的影像拍摄技能（见图 9-4）。

二、导师点评

"海宁非物质文化遗产保护之长安宴球"项目有五大特点：一是明快的

图 9-4 "长安宴球"视频截选

节奏,高频提炼组合制作过程中的精华片段;二是多维的视角,远景、近景、俯拍、微距、变焦等快速转换,兼以图案拼接、对称复制,特别是万花筒式的镜头处理,在缤纷的色彩中赋予画面最大的视觉冲击;三是艺术化的灯光,既聚焦了拍摄主体,又营造了烹饪氛围;四是活泼的音乐,体现了团队创作中的青春理念;五是嫁接动画制作,丰富了艺术效果和观看趣味。

该团队主动探索食物摄影传达的视觉与味觉元素,将摄影融入消费场景,并赋予它们美学与商业的价值。美食拍摄具有广阔的商业价值,对于创意思维、技术应用与后期制作具有复合性的实践价值。在这个项目中,我们看到的是学生在思考和创作中热情拥抱生活与艺术的生动面容。

"海宁非物质文化遗产保护之长安宴球"实训项目

第五节 青田县环保局视频项目

一、项目简介

本项目主要是跟拍青田县环保局督查员检查水资源污染程度。学生在导师的带领下赴青田县采风,其中一组负责青田县环保局视频项目,拍摄《治水人的一天》主题宣传视频(见图9-5)。在采集了大量视频素材后，综合实训相关团队对其进行剪辑，形成了实训作品《青田治水人》。

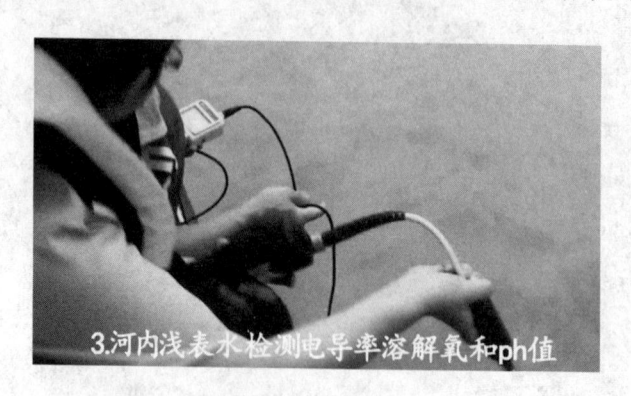

图 9-5　《治水人的一天》主题宣传视频截选

二、导师点评

首先，经过剪辑和重新编辑，用自然的画面切换和一定的背景音乐，让该视频初步具备了一定的吸引力。其次，视频内容素材本身稍显平淡，经过整合，大胆地删去了其中一些过渡画面，只保留了几个重要的环节，虽然减去了一定的时间，但并未影响到内容的完整度，反而让视频内容更加集中，故事的完整性也得以加强。最后，该视频在制作后期，还加上了相关人员名单和致谢，让视频体现了版权和责任人意识，也为甲方提供了较为完整的视频资料。

青田县环保局视频项目总结

甲方青田县环保局对此给予了高度的认可，与其他材料一起，被甲方验收通过，结束了该项目的合作。

第六节　贵州长滩村民宿改造项目

一、项目简介

学生团队在这次实训项目中负责的是贵州省台江县长滩村民宿改造及软装提升设计。团队在非常紧张的实训安排中，抽出3天时间到贵州长滩村实地考察，了解甲方诉求，收集相关设计素材，形成长滩村民宿改造的设计方案(见图9-6)。

图 9-6　长滩村民宿改造的设计方案

二、导师点评

设计团队将当地人文风情、民间传统、民族服饰、饮食等方面的特色融入民宿的软装设计中，使民宿的整体风格更接近"返璞归真"的设计理念，让更多人遵循自然之道，从特色民宿去感受长滩村的魅力。团队从前期资料收集、中期实地调研、后期动手设计三个阶段完成了本次实训任务。在实训过程中，来自不同专业的团队成员互相配合，发挥各专业的优势，共同圆满完成了本次实训任务。

项目经甲方验收通过，甲方对项目给予高度认可，将其作为长滩村民宿改造的设计参照。

贵州长滩村
民宿改造
项目

附录1：历届学生实训课程优秀作品集

2011—2013级优秀作品集

2015级优秀作品集

附录1：历届学生实训课程优秀作品集 | 169

2016 级优秀作品集

2017 级优秀作品集

2021 年（2018 级）优秀作品集

2022 年（2019 级）优秀作品集

附录2："十四五"文化产业发展规划

目　录

序　言
第一章　总体要求
　　第一节　指导思想
　　第二节　基本原则
　　第三节　发展目标
第二章　推进文化产业创新发展
　　第一节　加快发展新型文化业态
　　第二节　改造提升传统文化业态
　　第三节　加强文化科技创新和应用
　　第四节　构建创新发展生态体系
第三章　促进供需两端结构优化升级
　　第一节　扩大优质文化产品供给
　　第二节　畅通文化产品传播流通
　　第三节　释放文化消费潜力
　　第四节　改善文化消费环境
第四章　优化文化产业空间布局
　　第一节　推动区域文化产业协调发展
　　第二节　促进文化产业融入新型城镇化建设
　　第三节　发展乡村特色文化产业
第五章　推动文化产业融合发展
　　第一节　发展文化和旅游融合重点业态

第二节 打造文化和旅游融合发展载体

第三节 推动文化产业与其他相关领域融合

第六章 激发文化市场主体发展活力

第一节 发展壮大各类文化市场主体

第二节 构建完善文化企业服务体系

第三节 规范发展文化产业园区基地

第七章 培育文化产业国际合作竞争新优势

第一节 构建文化产业国际合作新格局

第二节 增强对外文化贸易综合竞争力

第三节 创新文化产业国际合作支撑体系

第八章 深化文化与金融合作

第一节 完善支持政策体系

第二节 推动服务机制创新

第三节 引导扩大有效投资

第九章 保障措施

第一节 落实经济政策

第二节 强化法治保障

第三节 加强人才培养

第四节 规范市场秩序

第五节 抓好组织实施

为贯彻落实《中华人民共和国国民经济和社会发展第十四个五年规划和 2035 年远景目标纲要》、国家"十四五"文化改革发展规划以及《"十四五"文化和旅游发展规划》，加快健全现代文化产业体系，推动文化产业高质量发展，建设社会主义文化强国，编制本规划。

序　言

习近平总书记指出，谋划"十四五"时期发展，要高度重视发展文化产业。发展文化产业是满足人民多样化、高品位文化需求的重要基础，也是激发文化创造活力、推进文化强国建设的必然要求。"十三五"期间，在以习近平同志为核心的党中央坚强领导下,在各级党委政府大力推动和社会各界共同努力下,我国文化产业繁荣发展,2015年至2019年,全国文化及相关产业增加值从2.7万亿元增长到超过4.4万亿元,年均增速接近13%,占同期国内生产总值比重从3.95%上升到4.5%,文化产业在促进国民经济转型升级和提质增效、满足人民精神文化生活新期待、提高中华文化影响力和国家文化软实力等方面发挥了重要作用。

"十四五"时期是我国开启全面建设社会主义现代化国家新征程、向第二个百年奋斗目标进军的第一个五年。我国进入新发展阶段,经济长期向好,市场空间广阔,随着供给侧结构性改革不断深化,现代产业体系加快发展,以国内大循环为主体、国内国际双循环相互促进的新发展格局加快构建,乡村振兴、区域协调发展和新型城镇化深入推进,文化产业将深度融入国民经济体系,在服务国家重大战略、培育新的经济增长点、赋能经济社会发展方面发挥更大作用。新一轮科技革命和产业变革深入发展,创新驱动发展战略深入实施,将不断催生新产品、新业态和新模式,为文化产业转型升级提供强劲动力。人民美好生活需要日益广泛,对精神文化产品供给提出更高要求,文化产业将成为增强人民群众获得感、幸福感的重要途径。与此同时,当今世界正经历百年未有之大变局,国际环境日趋复杂,新冠肺炎疫情影响广泛深远,我国发展不平衡不充分问题仍然突出,也给文化产业发展带来了风险和挑战。文化产业自身发展的质量效益还不够高,产业结构还需优化,城乡区域不平衡问题仍然突出,文化产业和旅游产业融合不够深入,文化企业整体实力偏弱,创新创意能力和国际竞争力还不强,文化经济政策有待完善落实。

综合判断,"十四五"时期我国文化产业仍处于大有可为的重要战略机遇期。要立足中华民族伟大复兴战略全局和世界百年未有之大变局,深刻认识我国社会主要矛盾变化带来的新特征新要求,深刻认识错综复杂的国际环境带来的新矛盾新挑战,增强机遇意识和风险意识,认识和把握发展规律,善于在危机中育先机、于变局中开新局,改革创新、奋发有为,推动文化产业发展不断开创新局面、迈上新台阶。

第一章 总体要求

第一节 指导思想

高举中国特色社会主义伟大旗帜,深入贯彻党的十九大和十九届二中、三中、四中、五中全会精神,坚持以马克思列宁主义、毛泽东思想、邓小平理论、"三个代表"重要思想、科学发展观、习近平新时代中国特色社会主义思想为指导,紧紧围绕统筹推进"五位一体"总体布局和协调推进"四个全面"战略布局,坚持稳中求进工作总基调,立足新发展阶段,贯彻新发展理念,构建新发展格局,坚定文化自信,坚持守正创新,坚持以社会主义核心价值观为引领,围绕举旗帜、聚民心、育新人、兴文化、展形象的使命任务,以推动文化产业高质量发展为主题,以深化供给侧结构性改革为主线,以文化创意、科技创新、产业融合催生新发展动能,提升产业链现代化水平和创新链效能,不断健全现代文化产业体系和市场体系,促进满足人民文化需求和增强人民精神力量相统一,为社会主义文化强国建设奠定坚实基础。

第二节 基本原则

1.坚持正确导向。坚持马克思主义在意识形态领域的指导地位,坚持社会主义先进文化前进方向,坚持把社会效益放在首位、社会效益和经济效益相统一,既遵循社会主义先进文化发展规律,又体现社会主义市场经济要求,确保文化产业持续健康发展。

2.坚持以人民为中心。坚持以满足人民美好生活需要为根本目的,牢固树立以人民为中心的创作生产导向,不断扩大优质文化产品供给,更好满足人民精神文化生活新期待,更好推动人的全面发展、社会全面进步。

3.坚持创新驱动。坚持以创新为核心驱动力,激发文化创新创造活力,全面推进文化产业内容形式、载体渠道、业态模式等创新,适应高新技术发展趋势,推进文化和科技深度融合,以创新激发动力、增强活力、释放潜力,推动产业结构升级、链条优化、价值拓展,提高质量效益和核心竞争力。

4.坚持融合发展。坚持以文塑旅、以旅彰文,推动文化产业和旅游产业深度融合发展，推进"文化+"战略，坚持以文化赋能 发展，发挥文化引领风尚、教育人民、服务社会、推动发展的作用，促进文化产业与实体经济深度融合，为国民经济和社会发展注入文化活力。

5.坚持系统观念。围绕落实国家重大发展战略，坚持全国一盘棋，把握文化产业发展特点规律和资源要素条件，统筹区域城乡文化产业发展，正确处理发展与安全、政府与市场、事业与产业、供给与需求、国内与国际等重要关系，加强战略谋划、整体推进，促进形成文化产业发展新格局。

第三节　发展目标

到2025年，文化产业体系和市场体系更加健全，文化产业结构布局不断优化，文化供给质量明显提升，文化消费更加活跃，文化产业规模持续壮大，文化及相关产业增加值占国内生产总值比重进一步提高，文化产业发展的综合效益显著提升，对国民经济增长的支撑和带动作用得到充分发挥。

——产业结构优化升级，新型文化业态更加丰富，数字化、网络化、智能化特征更加明显，产业链条和创新发展生态更加完善，文化产业与相关领域融合更加深入，文化产业整体实力和竞争力显著增强。

——供给体系质量明显提升，推出一批适应人民群众文化消费需求的精品力作，文化产品和服务内涵品质、创意水平持续提升，推出更多具有自主知识产权的文化产品和服务品牌，城乡居民文化消费更加活跃。

——产业布局更趋合理，区域分工协作体系更加完善，协调发展机制逐步健全，建设一批具有显著示范效应和带动作用的文化产业功能区、文化产业中心城市、区域文化产业带，产业规模化、集约化、专业化水平进一步提高。

——发展环境更加优化，文化市场主体规模持续扩大，结构更加合理，竞争力显著提升，文化市场环境更加健康有序，文化经济政策体系更加完善，文化产业投融资体系更加健全，文化产业人才大量涌现，文化创新创造活力进一步激发。

展望2035年，我国将建成社会主义文化强国，国家文化软实力显著增强，文化产业整体实力和竞争力将大幅跃升，文化产业发展质量效益、城乡居民文化消费水平将迈上新的台阶，文化产业对国民经济发展的支撑和带动作用将达到新的高度。

第二章　推进文化产业创新发展

坚持以创新驱动文化产业发展,落实文化产业数字化战略,促进文化产业"上云用数赋智",推进线上线下融合,推动文化产业全面转型升级,提高质量效益和核心竞争力。

第一节　加快发展新型文化业态

顺应数字产业化和产业数字化发展趋势,深度应用5G、大数据、云计算、人工智能、超高清、物联网、虚拟现实、增强现实等技术,推动数字文化产业高质量发展,培育壮大线上演播、数字创意、数字艺术、数字娱乐、沉浸式体验等新型文化业态。充分运用数字文化产业形态推动中华优秀传统文化创造性转化、创新性发展,继承革命文化,发展社会主义先进文化,打造更多具有影响力的数字文化品牌。促进数字文化与社交电商、网络直播、短视频等在线新经济结合,支持基于知识传播、经验分享的创新平台发展。促进数字文化产业赋能实体经济。

第二节　改造提升传统文化业态

强化科技在演艺、娱乐、工艺美术、文化会展等传统文化行业中的应用,推动传统文化行业转型升级。促进文化资源数字化转化和开发利用,推进与数字技术的新形式新要素结合,让优秀文化资源借助数字技术"活起来"。继续实施中国传统工艺振兴计划,加强对传统工艺的传承保护和开发创新,全面提高传统工艺产品的整体品质和市场竞争力。促进戏曲、曲艺、民乐等传统艺术线上发展,鼓励文艺院团、文艺工作者、非物质文化遗产传承人利用互联网平台进行演播。鼓励传统文化行业与互联网平台企业合作,规范推广流量转化、体验付费、服务运营等模式。

第三节　加强文化科技创新和应用

围绕文化产业发展需求,密切关注信息技术、材料科学、生命科学等前沿领域,强化自主创新,整合优势资源,加强文化产业共性、关键技术研发应用,为文化产业发展提供有力科技支撑。构建以企业为主体、市场为导向、产学研用深度融合的文化科技创新体系,支持设立文化产业领域的文化和旅游部重点实验室和技术创新中心。推动文化产业领域科技研发和成果转化,实施一批科技创新重点项目。推动虚拟现实、交互娱乐等领域产品、技术和服务标准研究制定,形成文化产业标准体系。加强手机(移动终端)动漫国际标准和数字艺术显示国际标准应用推广。

第四节　构建创新发展生态体系

围绕产业链部署创新链、围绕创新链布局产业链,推动文化产业要素合理集聚,促进创新链高效服务产业链,实现创新成果快速转化运用,推进产业基础高级化、产业链现代化。抓住新型基础设施建设机遇,提升文化装备水平,加强文化产业数据中心、云平台等"云、网、端"通用基础设施建设。支持文化企业孵化器、众创空间、服务平台、互联网创业和交易平台等创新创业载体建设,鼓励建设创新与创业、孵化与投资、线上与线下结合的文化双创服务平台。

专栏1　文化产业创新发展

线上演播: 构建线上线下融合、演出演播并举的演艺产业创新发展格局,推动文艺院团、演出场所上线上云,鼓励剧场数字化提升,促进文艺院团与互联网平台合作,培育100个以上线上演播项目,完善线上演播商业模式,打造舞台艺术线上演播知名品牌,引领全球演艺产业发展变革方向。

沉浸式体验: 支持文化文物单位、景区景点、主题公园、园区街区等运用文化资源开发100个以上沉浸式体验项目,丰富体验内容,提升创意水平,发展沉浸式演艺、沉浸式展览、沉浸式娱乐体验等业态,鼓励沉浸式体验与城市综合体、公共空间、旅游景区等相结合。

数字艺术展示: 推动数字技术与艺术创作、传播、展示更好结合,培育100个以上数字艺术体验场景,在重点领域和场景扩大提升数字艺术展示产品应用,开发全息互动投影、无人机表演、夜间光影秀等产品,生动展示中华文化。

第三章 促进供需两端结构优化升级

围绕满足人民群众日益增长、不断升级和个性化的文化消费需求,把实施扩大内需战略同深化供给侧结构性改革有机结合起来,加强需求侧管理,以高质量供给引领和创造新需求,以需求变化引领供给体系和结构升级,努力形成需求牵引供给、供给创造需求的更高水平动态平衡。

第一节 扩大优质文化产品供给

牢固树立以人民为中心的创作生产导向,以社会主义核心价值观为引领,突出思想内涵,发扬工匠精神,不断推出思想精深、艺术精湛、制作精良的优质文化产品。鼓励和支持文化企事业单位、个人加强内容原创和产品研发,推动戏剧、音乐、舞蹈、美术、动漫、创意设计、工艺美术等文化产品创作生产,推出更多以互联网、移动终端等为载体的数字文化产品。坚持创造性转化、创新性发展,推动创作生产更多传承优秀传统文化、满足现代消费需求的文化创意产品。把传统文化与时尚元素、中国特色与世界潮流结合起来,努力提供更多适应青年文化消费需求、传递向善向上价值观念、体现中华文化精神的文化产品。支持创作生产适合不同年龄段少年儿童身心发展状况的文化产品。积极应对人口老龄化,发展银发经济,鼓励研究开发适应老年人文化需求的文化产品和消费模式。落实文化品牌战略,打造一批有代表性、影响力、竞争力的文化产品品牌。

第二节 畅通文化产品传播流通

完善文化产品传播和流通体系,促进文化产品顺畅有序流动。鼓励和支持文化传播渠道建设,发挥各类文化传播渠道作用,推动文化产品传播。鼓励发展文化电子商务及电子票务、演出院线等现代流通组织和流通形式。发挥各类信息网络平台的文化传播作用,提升文化产品传播数字化、网络化水平。发挥各类文化产业展会交易平台作用,鼓励搭建统一开放的区域性文化产品展示交易平台。

第三节　释放文化消费潜力

推进国家文化和旅游消费示范城市建设，推动国家文化和旅游消费试点城市建设成为示范城市、区域文化和旅游消费中心城市。发挥示范城市、试点城市引领带动作用，引导和推动各地创新体制机制、完善政策措施，促进消费潜力持续释放。鼓励各地因地制宜举办文化消费季、消费月、消费周等多种形式促进消费活动，完善常态化消费促进机制。推进国家级夜间文化和旅游消费集聚区建设，丰富夜间文化和旅游产品，优化夜间餐饮、购物、演艺、娱乐等服务，构建多样化夜间消费场景。发展新型文化消费模式，创新文化消费场景，培育网络消费、定制消费、体验消费、智能消费、互动消费等新型消费。发挥线上交流互动、品牌打造、精准营销等优势，推动线上线下消费融合互促。

第四节　改善文化消费环境

改造提升现有文化消费场所设施，鼓励把文化消费嵌入各类消费场所，推进文化消费网点建设。鼓励建设汇集文创商店、特色书店、剧场、文化娱乐场所、博物馆、美术馆等的文化和旅游消费集聚区，推动传统商业综合体向文体商旅综合体转型，支持建设文化内涵丰富的高品位步行街。提高文化消费场所、场景支付便利度，规范发展文化消费信贷产品和服务。推广电子票、云排队等网络消费新方式，提升数字化预约能力，提高文化消费便捷程度。推动各地建立文化消费数据监测体系。

专栏 2　优化重点文化行业供给

演艺业：牢固树立精品意识，突出创作生产质量，加强原创策划，打造一批精品剧目。支持开发沉浸式、互动式新产品。支持演出院线、演艺联盟发展。推动演艺技术研发创新和装备提升。建设演出票务监管服务平台。

娱乐业：推动娱乐业转型升级、创新发展，实施阳光娱乐行动，开发健康向上、技术先进的新型娱乐方式，创新娱乐业态和产品。推动娱乐场所标准化建设和连锁化、品牌化发展。规范和支持线上 K 歌、迷你歌咏厅、音乐派对等新型歌舞娱乐业态发展。促进电子竞技与游戏游艺行业融合发展。鼓励开发沉浸式娱乐体验产品。

动漫业：提升动漫产业质量效益，以动漫讲好中国故事，生动传播社会主义核心价值观，增强人民特别是青少年精神力量。打造一批中国动漫品牌，促进动漫"全产业链"和"全年龄段"发展。发展动漫品牌授权和形象营销，延伸动漫产业链和价值链。开展中国文化艺术政府奖动漫奖评选。

创意设计业：促进创意设计与现代生产生活和消费需求对接，发挥创意设计对国民经济相关产业的赋能作用。植根中华文化沃土，将中华美学精神融入创意设计。培育一批专业化、特色化、品牌化创意设计企业。加强青年设计师培养扶持。

数字文化业：推动形成适应新技术新业态新消费发展、产业链上下游和跨行业融合的数字化生产、流通、消费生态体系，不断扩大优质数字文化产品供给。实施网络文化精品扶持计划，提高网络音乐、网络动漫、网络表演、网络视听等的原创能力和文化品位。鼓励优秀文化内容的数字化转化和开发。鼓励知识付费、社交电商、分享经济等新业态、新模式发展。

艺术品业：构建艺术原创与艺术品市场相互促进的艺术品业发展体系，培育一批艺术精深、诚信经营、竞争力强的画廊。支持多种艺术形式、风格、流派创新发展，挖掘青年艺术家潜力。鼓励发展艺术衍生品、艺术品授权、艺术品电商。建立规范艺术品交易、投资、鉴定、评估等市场运作平台和管理服务平台，完善艺术品市场监管体系。规范艺术品拍卖市场。

工艺美术业：坚持保护传承与创新发展相结合，加强传统工艺美术技艺发掘和保护，推动工艺美术产品特色化、个性化、品牌化发展。增强技术、工艺材料和产品品类等创新能力。探索基于数字化的个性化定制、精准化营销新型生产经营方式。促进工艺美术与创意设计、旅游业、乡村产业融合发展。

文化会展业：坚持市场化、专业化、品牌化方向，打造一批具有示范和带动作用的重点产业展会，鼓励产业特色鲜明、区域特点显著的文化产业展会发展，推进文化会展业数字化转型，鼓励发展云展览等新业态。办好中国（深圳）国际文化产业博览交易会、中国西部文化产业博览会、中国国际网络文化博览会。依托中国旅游产业博览会、中国(武汉)文化旅游博览会,推动文化产业和旅游产业融合发展。

文化装备制造业:适应沉浸体验、智能交互等趋势,促进文化装备技术研发和升级改造,加强标准、内容和技术装备的协同创新。加快虚拟现实、增强现实、全息成像、超高清、可穿戴设备、智能硬件、沉浸式体验平台等核心技术装备创新发展。支持文物和艺术品展陈、保护、修复设备产业化。鼓励研发智能化舞台演艺设备和高端音视频产品。

专栏3　扩大和引导文化消费

文化和旅游消费中心城市建设:国家文化和旅游消费示范城市达到30个左右,建设60个左右区域文化和旅游消费中心城市,加强指导支持和动态管理,带动文化和旅游消费持续增长。

夜间文化和旅游消费集聚区建设:建设200个以上国家级夜间文化和旅游消费集聚区,发挥集聚协同和带动效应,推动夜间文化和旅游消费规模持续扩大。

第四章　优化文化产业空间布局

贯彻落实国家区域重大战略、区域协调发展战略、新型城镇化战略和乡村振兴战略,把握文化产业发展规律特点和资源要素条件,加强区域、城乡统筹协调和协同联动,引导各地根据资源禀赋和功能定位,发挥比较优势,促进形成多点支撑、各具特色、优势互补、协调发展的文化产业空间布局。

第一节　推动区域文化产业协调发展

围绕京津冀协同发展、长江经济带发展、粤港澳大湾区建设、长三角一体化发展、黄河流域生态保护和高质量发展、成渝地区双城经济圈建设等重大战略,推动区域文化产业带和产业群建设。充分发挥文化产业在长城、大运河、长征、黄河等国家文化公园建设中的作用。统筹发达地区和欠发达地区文化产业发展,鼓励东部地区同中西部地区、东北地区开展产业合作与帮扶,推动区域文化产业优势互补、联动发展。鼓励东部地区突出创新引领,率先实现文化产业高质量发展。引导中部地区优化产业结构,培育消费市场,加快文化产业崛起。支持西部地区发挥资源优势,突出区域特色,不断提升文化产业发展水平。充分发挥文化产业在东北振兴中的作用,加强冰雪等特色文化发掘利用,培育东北地区经济增长点。聚焦铸牢中华民族共同体意识,支持民族地区、边疆地区文化产业发展。支持革命老区发展特色文化产业,传承弘扬红色文化。鼓励有条件的地方发展海洋特色文化产业,助力海洋经济发展和海洋文化建设。

第二节 促进文化产业融入新型城镇化建设

发掘城市文化资源,发展城市文化产业,保护和延续城市历史文脉,打造历史底蕴厚重、时代特色鲜明、文化气息浓郁的人文城市。鼓励利用城市历史建筑、工业遗产、旧厂房、旧街区、旧仓库等存量空间发展文化产业,促进城市更新和产业升级,助力老工业城市和资源型城市转型。支持城市群、都市圈、中心城市发挥资源要素优势,形成区域文化产业发展高地和协同创新中心。鼓励中小城市、小城镇立足特色资源和产业基础,因地制宜发展特色文化产业,促进城镇居民、农业转移人口就业增收。加强对地缘相近、文脉相承区域的统筹,促进大中小市和小城镇文化产业联动发展。

第三节 发展乡村特色文化产业

大力发展县域和乡村特色文化产业,推进城乡融合发展,促进要素更多向乡村流动,建设一批文化产业特色乡镇、文化产业特色村,促进乡村特色文化资源、传统工艺技艺与创意设计、现代科技、时代元素相结合。推动脱贫地区特色文化产业可持续发展,助力巩固拓展脱贫攻坚成果同乡村振兴有效衔接。积极开发乡村传统节日文化、民间艺术、民俗表演项目,培育具有浓郁地方特色的文化产品和服务。支持各地打造"一地一品",形成一批具有较强影响力和市场竞争力的文化产业品牌。充分发挥非物质文化遗产传承人、民间艺人、民间团体等的作用,培育乡村特色文化企业,积极引入有实力的企业投资乡村特色文化产业,培育一批乡村特色文化产业项目。加强对乡村文化人才、文化创客和文化企业经营管理者的培训。支持利用互联网、短视频等现代传播渠道,带动乡村特色文化产品和服务推介与销售。

专栏4　文化产业空间布局

京津冀文化产业群：推动京津冀三地创新文化产业协同发展机制，明确功能定位和发展方向，促进资源产业对接、平台项目共建、要素市场一体化发展，构建文化产业分工协同体系。支持雄安新区开展文化产业创新实验，培育各类新型文化业态。围绕举办北京2022年冬奥会和冬残奥会，推动京张高铁沿线文化产业与体育、旅游等领域融合发展，助力京张体育文化旅游带建设。

粤港澳大湾区文化产业群：发挥粤港澳大湾区文化创意、科技创新、对外交往等优势，重点推动数字文化、创意设计、先进文化制造等产业发展，建设文化产业开放发展机制，打造具有全球影响力的现代文化产业城市群。加强内地与港澳文化产业交流与合作。支持深圳文化产业创新发展，助力建设中国特色社会主义先行示范区。

长三角文化产业群：利用长三角经济发展优势，顺应一体化发展趋势，聚焦加快构建现代文化产业体系和文化市场体系，促进更高起点的改革创新，推动更高质量的产业链整合升级，推动文化科技研发与应用，创新文化消费制度政策，推动长三角文化产业一体化、高质量发展。发挥文化产业在浦东打造社会主义现代化建设引领区、浙江高质量发展建设共同富裕示范区中的积极作用。

成渝地区双城文化产业群：推动川渝两地以巴蜀文化为纽带，依托串联川渝的陆路、水系、城市等，以文化和旅游融合为主线，开发巴蜀特色文化产品，建设巴蜀文化旅游走廊，推动川剧、川菜、蜀锦、蜀绣、石刻等两省市同根同源非物质文化遗产项目保护传承利用，培育特色优势产业集群。

长江文化产业带：发掘长江沿线羌藏、巴蜀、滇黔、荆楚、湖湘、赣皖、吴越等不同文化特色和资源，加强传统、现代文化的有机融合，打造各具特色的长江文化产业集群。发挥长江交通、经济、文化纽带作用，以及上海、南京、武汉、长沙、重庆、成都等节点城市文化创新中心作用，促进文化创新要素的合理流动和优化配置，加强上中下游协同合作，构建沿江文化产业梯度布局体系。

黄河文化产业带：依据黄河流域的自然地理格局及地域文化，促进上下游互动、干支流协同、点线面支撑，推动黄河沿线河湟、河套、关中、三晋、河洛、齐鲁等文化产业片区建设，构建覆盖全流域、体现"根和魂"的黄河文化产业带。探索推动历史文化寻根、红色基因传承、治水文化体验、古都新城休闲度假、生态文化展示等不同类型文化业态集聚发展。推动文化产业转型升级、融合发展，助力山东新旧动能转换综合试验区建设。

大运河文化产业带：挖掘地域文化特征，围绕京津、燕赵、齐鲁、中原、淮扬、吴越等地域文化，培育各具特色的文化产业功能区。推动大运河文化产业发展与京津冀协同发展、长江经济带发展、长三角一体化发展、雄安新区建设、中部崛起等重大战略相结合，加强区域间对接和交流合作。

西北丝绸之路文化产业带：以陕西、甘肃、青海、宁夏、新疆、内蒙古等西北丝绸之路沿线省份为依托，促进文化产业集聚布局和区域协作，形成特色鲜明、优势互补的文化产业集群，打造具有历史底蕴、时代特色的文化产品体系，加强文化产业国际交流合作，形成丝绸之路文化产业核心区，辐射和带动周边地区发展。

西南民族特色文化产业带：加强四川、贵州、云南、西藏、重庆等省域区域合作，突出西南少数民族文化活态化、多样化特征，推动历史文化、民族文化、民俗风情等特色文化资源活态化展示、利用和融合发展，打造以各民族交往交流交融为主线的民族特色文化产业集群。加强茶马古道文化遗产挖掘、保护与传承，培育各具特色的文化产业产品和品牌，促进文化产业与文化传承保护、生态、旅游融合发展。

东北冰雪特色文化产业带：依托东北地区冰雪文化，丰富冰雪旅游产品的地域文化内涵，推动冰雪体育、民俗表演、冰雪客栈等与冰雪旅游相融合，促进冰雪艺术创作、展示、表演，开展冰雪文化创意、冰雪风光、冰雪雕塑、冰雪民俗等体验活动，实现对冰雪文化资源的有机整合，完善冰雪文化产业链条。

海峡西岸特色文化产业带：重点保护利用闽南文化、客家文化、红色文化、妈祖文化、船政文化、朱子文化等特色文化，打造一批地域特色明显、展现海峡西岸风貌、具有广泛影响力的文化品牌。围绕创意设计、工艺美术、演艺娱乐等重点业态，深化两岸文化产业交流合作。

文化产业赋能乡村振兴计划：制定政策举措，引导文化产业机构和工作者深入乡村对接帮扶和投资兴业,以重点产业项目为载体,提升乡村振兴文化内涵,促进群众就业增收。

第五章 推动文化产业融合发展

坚持以文塑旅、以旅彰文,积极寻找产业链条各环节的对接点,以文化提升旅游的内涵品质,以旅游促进文化的传播消费,实现文化产业和旅游产业双向融合、相互促进。促进文化产业与国民经济相关领域深度融合,进一步拓展文化产业发展空间,以文化赋能经济社会发展。

第一节 发展文化和旅游融合重点业态

推动旅游演艺、文化遗产旅游、研学旅游、主题公园、主题酒店、特色民宿等业态提质升级,不断培育融合新业态。推进旅游演艺转型升级、提质增效,鼓励各地因地制宜发展中小型、主题性、特色类、定制类旅游演艺产品,鼓励合理规划建设旅游演艺集聚区。加强对文化遗产资源价值的挖掘,鼓励依托文物、非物质文化遗产资源大力发展文化遗产旅游、研学旅游,开发集文化体验、科技创新、知识普及、娱乐休闲、亲子互动于一体的新型研学旅游产品。规范发展富有中国文化特色、体现中国文化元素、科技含量高的主题公园。推进数字经济格局下的文化和旅游融合,加强数字文化企业与互联网旅游企业对接合作,促进数字内容向旅游领域延伸,强化文化对旅游的内容支撑和创意提升作用。积极利用数字展示、虚拟现实、增强现实、全息投影等技术,加大数字化、沉浸式、互动性等文化和旅游项目设计开发。

第二节 打造文化和旅游融合发展载体

建设一批文化和旅游资源丰富、产业优势明显、产业链深度融合互促的国家文化产业和旅游产业融合发展示范区,着力打通上下游产业链,进一步提高供给质量。统筹文化和旅游资源发掘利用,推动更多文化资源要素转化为旅游产品,建设一批富有文化底蕴的世界级旅游景区和度假区,打造一批文化特色鲜明的国家级旅游休闲城市和街区,发展红色旅游和乡村旅游,让人们在领略自然之美中感悟文化之美、陶冶心灵之美。推动多元文化元素和特色文化体验融入食、住、行、游、购、娱等环节,为旅游注入更加优质、更富吸引力的文化内容。鼓励各地因地制宜培育地方特色鲜明、文化内涵突出、游客参与度高的文化节庆活动。

第三节 推动文化产业与其他相关领域融合

持续探索文化产业与文化事业融合互促的有效机制,促进保障人民文化权益与满足多样化文化需求有机结合。推动文化产业发展融入生态文明建设全局,助推形成节约资源和保护环境的空间格局、产业结构、生产方式、生活方式,为构建美丽家园、建设美丽中国提供文化动力。推动文化与农村一二三产业融合发展,提升农产品创意设计水平,合理开发农耕文化、农业文化遗产,支持发展富有文化创意含量的农耕体验、田园观光、阳台农艺等特色农业。提升日用品、家居用品、家用电器、电子产品、服装服饰、体育用品等消费品文化内涵和设计水平,增加多样化供给,引导消费升级。鼓励发展品牌授权,提升制造业和服务业的品牌价值和文化价值。推动文化与商业深度融合,鼓励打造一批汇聚艺术表演、阅读分享、观影体验等消费业态的文化商业综合体。提升城乡规划和建筑设计文化含量,把更多美术元素、艺术元素应用到城乡规划建设中,增强城乡审美韵味、文化品位,服务高品质生活需求。鼓励各地依托自然人文资源举办特色体育活动,支持发展体育竞赛表演等业态。推动文化产业与健康养老产业结合,支持开发承载中医药文化的创意产品。

专栏5 文化产业融合发展

旅游演艺提质升级计划:推动建立旅游演艺项目和品牌评价体系,编制发布旅游演艺精品名录和品牌排行榜,培育推广30个左右精品旅游演艺项目,提升旅游演艺品牌价值,促进旅游演艺高质量发展。

国家文化产业和旅游产业融合发展示范区建设:建设30个左右国家文化产业和旅游产业融合发展示范区,完善产业发展政策环境,优化产业资源要素配置,促进文化产业和旅游产业以及文化产业、旅游产业与相关产业融合发展。

世界级旅游景区和度假区建设:以具有一流水平的5A级旅游景区和世界遗产景区、国家级旅游度假区为基础,打造一批世界级旅游景区,建立世界级旅游度假区建设储备名录,支持有条件的地方开展创建工作。

国家级旅游休闲城市和街区建设：发掘城市文化资源，突出城市文化特色，开展国家级旅游休闲城市和街区建设工作，推出一批兼顾旅游者和本地居民需求的国家级旅游休闲城市和街区。

第六章　激发文化市场主体发展活力

突出企业在文化产业发展中的主体地位，加强分类指导，促进协同创新，优化文化企业发展环境，推动市场主体规模持续扩大、整体实力进一步增强、发展质量不断提升。

第一节　发展壮大各类文化市场主体

培育骨干文化企业，鼓励大型文化企业通过资源整合、并购重组等方式做优做强，形成一批具有核心竞争力与国际影响力的文化产业集团。支持中小微文化企业向"专业化、特色化、创新型"方向发展，在提供个性化、多样性、高品质文化产品和服务方面形成比较优势。优化文化领域创业兴业环境，激发各类市场主体投资文化产业的积极性。深化国有文化企业改革，推进国有文化企业建立健全现代企业制度，完善法人治理结构，进一步提高国有文化资产投入使用效率。引导民营文化企业健康发展，依法保障民营文化企业及企业家合法权益。加快发展新型文化企业，推动传统文化业态企业提高数字化发展能力。引导文化企业增强品牌意识、加强品牌建设，打造一批有代表性、影响力和美誉度的文化企业品牌。鼓励大型文化企业通过共享资源、生产协作、开放平台等方式，带动创新链、产业链上下游中小微文化企业协同发展。

第二节　构建完善文化企业服务体系

建立各级政府部门文化企业公共服务信息资源协同共享机制，提高服务精准化、专业化、便利化水平。鼓励文化领域孵化器、加速器、创业空间、共享空间等各类服务平台和载体优化创新服务方式手段，提升企业服务效能。引导项目规划、管理咨询、营销策划、经纪代理、法律服务等各类市场化文化企业服务机构规范有序发展，重点扶持一批流程规范、服务优质、企业满意度高的社会服务机构。发挥文化产业行业协会、商会等社会组织行业自律、交流协作、维护权益等服务作用,构建汇聚文化企业、资源要素、渠道平台、专家智库等的协同合作机制。支持有条件的地方整合资源,建设覆盖文化企业全生命周期服务需求的"一站式"综合服务平台。

第三节 规范发展文化产业园区基地

坚持一手抓建设发展、一手抓规范管理,在全国合理布局一批特色鲜明、主业突出、集聚度高、带动性强的文化产业园区和基地,重点培育壮大一批品牌文化产业园区和品牌运营机构,形成面向区域和行业的协同创新平台、促进文化企业发展的重要载体。坚持政府规划引导、专业机构运营,充分发挥市场机制作用,提升文化产业园区服务企业能力和水平,推动园区由要素集聚空间向创新发展平台转变。进一步完善创建发展和动态管理机制,推动国家级文化产业示范园区(基地)建设成为政策集成、企业集聚、产业集中、引领发展的文化产业先行区。引导各级文化产业示范园区(基地)坚持正确导向、健康有序发展,进一步发挥示范引领和辐射带动作用。推进国家文化产业创新实验区、国家动漫产业综合示范园建设。建立文化产业园区区域协作发展机制,鼓励和引导东部地区与中西部地区、东北地区文化产业园区结对共建、联动发展,推动园区之间在企业、项目、人才、渠道等方面的交流与合作。

专栏6 文化市场主体发展

新型文化企业培育计划:建立新型文化企业培育库,构建梯度培育机制,加强政策支持、资源要素对接和公共服务支撑,发展壮大一批数字文化内容生产传播企业、数字文化支撑技术研发企业、数字文化装备制造企业、数字文化平台企业。

国家级文化产业示范园区(基地)提升计划:修订国家级文化产业示范园区(基地)管理办法,支持国家级文化产业示范园区(基地)提升供给能力、健全服务体系、提高服务水平,发挥引领示范和辐射带动作用。国家级文化产业示范园区达到50家左右,国家文化产业示范基地达到500个左右。

北京朝阳国家文化产业创新实验区建设:支持在区域内探索文化产业政策落地创新和政策集成,鼓励先行先试,提升区域文化产业创新发展水平和辐射带动能力，推进北京全国文化中心建设，服务京津冀文化产业协同发展。

第七章 培育文化产业国际合作竞争新优势

立足国内大循环，发挥比较优势，协同推进国内文化产业发展和国际合作，以国内大循环吸引全球文化资源要素，充分利用国内国际两个市场两种资源，以讲好中国故事为着力点，坚持经贸往来和人文交流协同推进、高水平走出去和高质量引进来并重，构筑互利共赢的文化产业合作体系，培育新形势下文化产业参与国际合作和竞争新优势。

第一节 构建文化产业国际合作新格局

实施文化产业和旅游产业国际合作三年行动计划，积极构建务实高效的多层次政府间产业政策协调对话机制，推进战略、规划、机制对接。引导文化企业深耕传统出口市场、拓展新兴市场，逐步提高自贸伙伴、新兴市场和发展中国家在我国对外文化贸易与合作中的占比，扩大与周边国家文化产业合作规模。坚持共商共建共享原则，加强与共建"一带一路"国家的政策、资源、平台和标准对接，拓展亚洲、非洲、拉美等市场。依托多边经济治理机制，推动形成更多跨区域、跨国界、跨领域的文化产业合作多边机制。保持中日韩文化产业论坛、中国—中东欧国家文化创意产业论坛等长效合作机制高效运行。加强与全球文化领域专业国际组织的联系对接，提高参与全球治理能力，提升全球产业资源调配能力和贸易规则平衡能力。

第二节 增强对外文化贸易综合竞争力

坚持以企业为主体、市场为导向，培育一批具有国际竞争力的外向型文化企业，鼓励企业开发具有中国特色、中国风格、中国气派并受国际市场欢迎的文化产品和服务，打造一批有国际影响力的中国文化品牌。培育数字文化产业国际竞争优势，鼓励优秀数字文化产品和服务走向国际市场。支持具有国际竞争力的文化装备生产企业开展国际合作。与各国共同推动实施一批文化产业合作项目，鼓励企业家间的交流对接，促进合作共赢。扩大境外优质文化资产规模,优化境外投资结构和布局。支持文化企业融入全球产业链供应链,提高跨国经营能力和水平。加强优势领域国际标准制定和推广。

第三节　创新文化产业国际合作支撑体系

合理布局一批国家对外文化贸易基地,引领企业开拓海外文化市场,推进文化贸易服务平台建设。实施"中国展区"计划,支持文化企业参加境内外重要国际性文化展会,推动文化贸易平台建设。支持龙头企业与各国合作伙伴共建文化产业园区、孵化器和双创中心等。与各国合作开展职业经理人、创意策划人才和经营管理人才等的交流互访,多渠道吸引国外优秀创意人才来华创新创业。推动建立文化产业国际合作联盟。汇集并发布各国重点行业领域渠道、平台和动态信息,开展国际文化市场细分行业研究,形成文化产业发展国际咨询机制。支持文化企业开展涉外知识产权维权。

专栏7　文化产业国际合作

产业国际合作重点项目:征集遴选150个以上"一带一路"文化产业和旅游产业国际合作重点项目,对入选项目给予投融资、宣传推介、人才培训等支持和服务。

国家对外文化贸易基地建设:支持国家对外文化贸易基地(北京、上海、深圳)创新发展,支持海南和其他有条件的地区建设国家对外文化贸易基地,强化对区域文化产业发展的支撑作用,引领文化企业开拓国际市场。国家对外文化贸易基地达到10左右。

"中国展区"计划:组织文化企业以"中国展区"形象集中亮相国际重点产业展会,拓展国际市场合作渠道,提高中国文化品牌国际知名度。支持企业积极参与线上展览、展示和交易会,举办线上推广活动。

产业国际合作联盟:支持建立文化产业和旅游产业国际合作联盟,联系国内外知名文化和旅游企业,搭建年会、论坛等活动平台,促进各国企业交流与合作。

文化和旅游国际市场信息服务机制:发布国际文化和旅游市场报告、中国对外文化贸易年度报告,汇编海外市场动态信息,帮助文化和旅游企业及时了解目标市场情况。

数字文化产业标准国际化:发挥产学研联动作用,深入推进数字文化产业标准群建设,加快我国文化标准国际化进程。

第八章　深化文化与金融合作

推动文化与金融合作不断深化,鼓励和引导金融资本、社会资本与文化资源相结合,健全多层次、多渠道、多元化的文化产业投融资体系,切实提高文化企业金融服务的覆盖面、可得性和便利性。

第一节　完善支持政策体系

制定完善深化文化与金融合作的政策举措。引导金融机构开发适应文化产业发展需要的个性化、差异化、定制化金融产品与服务,在有效控制风险的前提下,逐步扩大融资租赁贷款、应收账款融资、产业链融资、股权质押贷款等创新信贷产品规模。推动健全文化企业信用评价体系、融资风险补偿机制和融资担保体系。推动完善文化企业无形资产评估、确权、登记、托管、流转等服务体系,鼓励无形资产评估、流转和抵质押融资,拓宽文化企业信贷抵质押物范围和风险缓释渠道。支持和引导文化企业直接融资,扩大股权融资和债券融资规模,鼓励符合条件的文化企业上市融资、再融资和并购重组。引导保险机构根据文化行业和企业特点开发种类丰富、针对性强、创新性强的保险产品。

第二节　推动服务机制创新

推动政银合作不断深化,进一步拓展合作网络、健全合作机制、创新合作模式,建立完善政企银沟通对接机制。鼓励有条件的银行业金融机构成立文化金融专业服务团队、专营机构和特色支行。推进国家文化与金融合作示范区提质扩容,探索金融政策在文化领域的落实路径,开展文化金融制度和工具创新。鼓励和引导文化金融中介机构规范发展,推动构建完善文化金融中介服务体系。持续推广文化和旅游金融服务中心模式,提高资源对接整合效率,提供专业增值服务。鼓励开展常态化、品牌化的投融资对接交流活动,建立多渠道、线上线下并举的文化产业投融资辅导推介机制。推进全国文化和旅游投融资项目库建设,完善文化产业项目征集储备发布机制。

第三节　引导扩大有效投资

发挥投资对优化供给结构的关键性作用，围绕文化内容创意生产、数字文化产业、文化和旅游融合、文化产业园区基地、文化消费场所设施、文化产业公共服务平台等重点领域和关键环节，不断优化投资结构，提高投资效率，保持投资合理增长。发挥政府投资引导带动作用，拓宽社会资本投资的领域和范围，激发民间投资活力，形成市场主导的投资内生增长机制。用好中央及地方各级预算内投资、专项建设基金、地方政府专项债券、政府引导基金等投资工具，规范有序推广政府和社会资本合作（PPP）模式，推进相关产业投资基金的组建。积极争取政策性、开发性金融加大对文化产业发展的支持力度。推动文化产业基础设施纳入不动产投资信托基金（REITs）试点范围。

专栏8　文化与金融合作

文化和旅游投融资项目库建设： 做好项目谋划和储备，健全项目征集、遴选、发布机制，提高项目质量和管理水平，形成"实施一批、储备一批、谋划一批"的梯次格局，支持实施1000个以上重点文化产业项目。

风险补偿机制和融资担保体系建设： 按照"政府引导、市场运作、风险共担"的原则，推动建立融资风险补偿资金池。完善文化企业融资担保体系，充分发挥政策性融资担保作用，撬动商业性金融机构加大支持力度。

国家文化与金融合作示范区建设： 稳步推进国家文化与金融合作示范区提质扩容，鼓励先行先试，推广经验成果，发挥示范效应。国家文化与金融合作示范区达到10个左右。

文化和旅游金融服务中心建设： 支持有条件的地区依托骨干文化和旅游企业、金融机构建设文化和旅游金融服务中心，通过资金支持、信用增进、信息服务、业务培训等方式，为中小微文化和旅游企业提供投融资服务。文化和旅游金融服务中心达到20个左右。

政府和社会资本合作（PPP）： 征集适宜采用政府和社会资本合作（PPP）模式的项目，加强项目全生命周期监管，依法依规推进项目建设。推进文化和旅游PPP投资基金组建。

第九章　保障措施

推进文化治理体系和治理能力现代化，以加强政府宏观引导和服务为手段，以高质量发展为导向，从经济政策、法治保障、人才培养、市场秩序等方面入手，不断完善文化产业发展环境。

第一节　落实经济政策

结合文化产业高质量发展需要，进一步推动落实和完善文化经济政策体系，用好财政、税收、金融、投资、土地等方面政策，更好发挥引导激励和兜底保障作用。争取各类财政资金、基金加大对文化产业的支持力度，优化投入方式，提高资金使用效益。持续推动落实国家相关支持文化产业发展的税费减免政策、应对新冠肺炎疫情纾困政策，切实降低文化企业经营负担。推动完善金融支持文化产业发展的系列政策举措。支持各类文化产业投资基金发展，鼓励各类产业投资基金、创业投资引导基金投入文化产业。推动将文化产业用地纳入国土空间规划，在国家土地政策许可范围内，创新文化产业用地供应和利用方式，建立科学的文化产业用地保障制度，有效保障文化产业设施、项目用地需求。鼓励利用老旧厂房、旧仓库等闲置设施和存量建设用地发展文化产业，持续推动落实在五年内继续按原用途和土地权利类型使用土地的过渡期政策。

第二节　强化法治保障

坚持立法先行，加快推进文化产业促进法立法工作进程，推动文化产业相关法律、法规、规章等的立改废工作，全面推进依法行政，健全促进社会效益和经济效益有机统一的制度规范。建立健全重大决策合法性审查、公平竞争审查、风险评估等工作制度。加强互联网文化管理及文化新业态法规制度建设探索。推动出台《文化市场综合执法管理条例》《文化市场综合行政执法事项指导目录》，健全综合执法制度机制。积极参与制定文化产业发展国际规则。建立健全文化产业安全监管机制，守好意识形态、文化安全和社会稳定底线，完善和落实安全生产责任制。

第三节　加强人才培养

以文化产业高质量发展为导向,以内容创作、项目策划、创意设计、经营管理、投资运营、文化金融、国际合作等为重点领域,做好人才培养工作。深入实施高质量产业人才培养扶持项目,以文化产业园区(基地)和业内领先企业为重点对象,不断推进培训体系、师资力量体系、协作机制和资源平台建设,调动各方面社会力量广泛参与。推动文化产业相关学科体系建设,加强实践型、应用型、复合型技术技能人才培养。发挥高校院所、文化企业、园区基地、众创空间、孵化器等作用,推动产学研用合作培养人才。加强职业经理人培养。加强文化产业领域智库建设,培育一批具有较强影响力、支撑区域文化产业发展的文化产业研究机构,在理论创新、智力支持和产业实践等方面发挥积极作用。

第四节　规范市场秩序

加快构建以信用为基础的文化市场新型监管机制,依法依规开展失信惩戒,推进"互联网＋监管"。开展平安文化市场建设,完善文化产品和服务内容审核机制,加强线上线下内容审核及动态监测。全面落实文化市场综合执法改革任务,完善权责明确、监督有效、保障有力的综合执法体制,推进文化市场综合执法队伍建设,及时查处整治突出问题,维护文化市场繁荣稳定。完善全国文化市场技术监管与服务平台功能,提升执法信息化水平。落实《关于进一步完善文化市场综合执法运行机制的通知》,健全完善联合办案和执法协作机制,加强区域执法协作。加快转变政府职能,深化简政放权、放管结合、优化服务改革,进一步完善审批方式,加强事中事后监管,积极探索适应新业态、新产品、新模式的监管方式。加大文化产业相关知识产权保护力度。有效预防和制止文化产业领域垄断行为、不正当竞争行为,防止资本无序扩张。

第五节　抓好组织实施

各级文化和旅游行政部门要充分认识"十四五"时期文化产业发展的重要意义,积极推动各级党委和政府把文化产业发展摆在重要位置,在党委和政府的领导下，立足地方实际，把握发展规律，突出地方特色，认真抓好《"十四五"文化产业发展规划》的组织实施，加强对落实情况的监督检查，确保各项任务措施落到实处。主动加强与宣传、发展改革、财政、科技、自然资源、金融、税务等部门沟通，推动建立统筹各方、协调有力的文化产业发展工作机制和格局。加强与统计部门合作，推动建立部门间文化产业数据共享机制，准确反映文化产业发展状况，充分发挥统计数据对工作决策、政策制定等的支撑作用。

参考文献

[1] 江东东.文化创意产业的发展与设计实践[M].北京:中国书籍出版社,2021.

[2] 凯夫斯.创意产业经济学:艺术的商品性[M].康蓉,张兆慧,冯晨,等译.北京:商务印书馆,2017.

[3] 李敬飞,罗平实.财经商贸跨专业综合实训[M].重庆:重庆大学出版社,2018.

[4] 卢菲,王晨.文化创意产业营销策略[M].北京:中国纺织出版社有限公司,2023.

[5] 苏文菁.文化创意产业:理论与实务[M].北京:社会科学文献出版社,2020.

[6] 吴存东,吴琼.文化创意产业概论[M].北京:中国经济出版社,2010.

[7] 魏鹏举.文化创意产业导论[M].北京:中国人民大学出版社,2010.

[8] 谢梅,王理.文化创意与策划[M].2版.北京:清华大学出版社,2021.

[9] 许忠伟.文化创意产业案例研究[M].天津:南开大学出版社,2010.

[10] 袁连升,王元伦.文化产业创意与策划[M].北京:清华大学出版社,2016.

[11] 张逎英,巢莹莹,钱伟.文化创意产业管理与实务[M].上海:同济大学出版社,2020.

[12] 张岩松,穆秀英.文化创意产业理论与实践[M].北京:清华大学出版社,2017.

[13] 张京成,沈晓平,许玥姮,等.北京文化创意产业发展报告(2019)[M].北京:社会科学文献出版社,2020.

[14] 罗群.文化创意领域"天工人巧日争新"[N].中国文化报,2024-05-29(004).

[15] 曹新炜.基于文化创新的创意产业发展研究——以创意设计为例[J].消费导刊,2010(2):225,9.

[16] 陈舒丰.基于"以赛促学"模式的文化创意产品设计课程教学改革[J].设计艺术研究,2024,14(2):130-133,141.

[17] 代君,张丽芬.地方高校助推文化创意产业发展的研究——基于文化传承创新的视角[J].南昌大学学报(人文社会科学版),2014,45(6):155-160.

[18] 段藻洱.数字经济变革中的传统文化创意产业价值链建构研究[J].产业创新研究,2024(5):94-96.

[19] 冯耕.文化创意产业在经济发展新常态下的创新发展之路探索[J].河南图书馆学刊,2018,38(3):127-129.

[20] 范钰.基于"文化创意"视角剖析艺术设计与文创产品的创新策略[J].中国民族博览,2024(3):160-162.

[21] 虢美妮.文化创意产业及其发展策略研究[J].陕西教育(高教),2015(4):9,11.

[22] 郭艳.数字赋能文化创意产业高质量发展[J].决策咨询,2024(1):36-39.

[23] 戈红兵.基于文化创意产业背景下高校艺术教育创新发展研究[J].宿州教育学院学报,2013,16(5):80-81.

[24] 韩弘.经济发展新常态下文化创意产业创新与发展研究[J].现代营销(下旬刊),2019(9):66-67.

[25] 厉无畏.文化创意产业推进城市实现创新驱动和转型发展[J].福建论坛(人文社会科学版),2013(2):11-16.

[26] 刘永亮.文化创意产业融合发展中的创新策略探析[J].重庆科技学院学报(社会科学版),2023(4):68-75,98.

[27] 吕琪.短视频时代广告创意的发展研究——以广告中的民族文化创意为例[J].声屏世界,2024(5):92-96.

[28] 盛婷.我国文化创意产业的品牌发展创新模式探究[J].商业经济研究,2017(5):198-199.

[29] 宋晓凰.基于文化创意产业背景下高校艺术教育创新发展研究[J].现代交际,2015(9):240.

[30] 邵媛.主流媒体在文化创意产业中的创新与探索[J].视听界,2024(2):106-108.

[31] 邵煜涵.以高等教育现代化助推文化创意产业发展[J].化纤与纺织技术,2024,53(3):179-182.

[32] 孙寿山.推动文化创新促进文化创意产业发展[J].中国流通经济,2008(2):4-6.

[33] 田川流.当代中国文化创意产业发展与内容创新[J].艺术百家,2013,29(3):29-34.

[34] 王静.技术创新驱动下文化创意产业发展及风险控制[J].今传媒,2017,25(12):57-60.

[35] 王珏,伊永华.刍议我国文化创意产业的品牌发展创新模式[J].商讯,2018(18):115.

[36] 王倩,肖伟华.文化创意产业背景下高校艺术教育的创新发展[J].中国民族博览,2017(10):25-26.

[37] 魏暄.新媒体时代下的陶瓷文化创意产业发展探究[J].佛山陶瓷,2024(4):129-131.

[38] 夏美琦,王汀.浅析文化创意产业与大学生创新创业的融合发展[J].产业创新研究,2020(15):127-128,135.

[39] 熊文平.乡村旅游与文化创意产业融合发展研究——以江西省为例[J].农村经济与科技,2024,35(4):138-140,158.

[40] 许肖琳.产教融合背景下应用型本科会展专业项目式教学实施探索——以《文化创意与策划》课程为例[J].商展经济,2024(6):177-180.

[41] 于磊.我国文化创意产业的创新与发展[J].商业文化,2020(25):66-67.

[42] 尹小明.关于文化创意产业背景下高校艺术教育创新发展的探讨[J].美术教育研究,2016(24):123.

[43] 杨琳.新时期"乡村旅游+茶文化创意"产业融合发展路径探讨[J].福建茶叶,2024,46(2):56-58.

[44] 严双,刘瑶,杨欢欢.文化创意产业赋能乡村振兴——以黎川油画创意产业园为例[J].美与时代(城市版),2024(4):123-125.

[45] 朱佳俊,周薇.文化创意产业交互式发展模式研究——以江苏为例

[J].无锡商业职业技术学院学报,2013,13(3):7-10.

[46] 周锦,熊佳丽.产业融合视角下农业与文化创意产业的创新发展研究[J].农村经济,2017(5):103-108.

[47] 张蔚,杨冬.文化创意产业发展语境下的创新型人才培养[J].创意与设计,2010(2):90-92.

[48] FLORIDA R. Cities and the creative class[M]. New York:Routledge,2005.

[49] FLORIDA R. The flight of the creative class[M]. New York:Harper Business, 2005.

[50] FLORIDA R. The rise of the creative class[M]. New York:Basic Books, 2002.

[51] HARTLEY J. Creative industries[M]. Oxford:Wiley, 2005.

[52] HESMONDHALGH D. Cultural industries[M]. London:Sage Publications, 2007.

[53] HOWKINS J. Creative ecologies:Where thinking is a proper Job[M]. London:Anthem Press, 2013.

[54] HOWKINS J. The creative economy:How people make money from ideas[M]. London:Penguin, 2001.

[55] JONES C, LORENZEN M, SAPSED J. Creative industries:A typology of change[M]. Oxford:Oxford Handbook of Creative Industries, 2015.

[56] LANDRY C. The creative city:A toolkit for urban innovators[M]. London:Earthscan, 2008.

[57] PRATT A.C. Creative cities:The cultural industries and the creative class[M]. London:Sage Publications, 2011.

[58] RICHARD E. Creative industries:Contracts between art and commerce[M]. Cambridge:Harvard University Press, 2000.

[59] SCOTT A.J. The cultural economy of cities[M]. London:Sage Publications, 2000.

[60] THROSBY D. The economics of cultural policy[M]. Cambridge:Cambridge University Press, 2010.

后 记

近年来,教育界不断强调实践能力的培养,为此,我们努力塑造出这本新形态教材,注重实践案例、项目模拟和行业导向的内容。本教材所引导的教学实践不是书本知识的灌输,而是一次踏入职场的体验,让学生更贴近实际挑战,更深刻地领悟所学知识的应用与价值。

文化创意产业正在迅速崛起,对综合文创专业人才的需求与日俱增。因此,我们设计的新教材不仅紧跟当下需求,更紧抓最新发展、趋势和技术。文创类综合专业实训横跨艺术、设计、营销、创业等广泛领域,我们的教材旨在整合这些跨学科知识,为学生呈现更为全面、综合的学习体验。

这本新形态教材并非仅限于纸面,它整合了数字化内容、虚拟实验和互动式学习,让学生熟悉当今常用的技术工具和平台,为他们未来的职业生涯提供有力支持。我们希望为学生提供更贴合当代要求、更充实多彩的学习体验,从而更好地迎合当下文化创意产业对人才的需求。

特别感谢浙江财经大学东方学院对我们教育事业的持续支持与鼓励。正是这份支持,让我们得以全身心投入编写新形态的文创类综合专业实训教材,帮助学生更好地适应文化创意产业的变革与发展。

最后,衷心感谢教材组成员的辛勤付出、专业贡献和团队合作。你们的热忱、知识与奉献精神是完成这一教材编写任务的关键。你们的努力不仅在教材中留下了宝贵的智慧和经验,更为学生的未来教育贡献了重要力量。感激你们的团队精神和奉献精神!